心理職の組織への関わり方

産業心理臨床モデルの構築に向けて

新田泰生・足立智昭 編

誠信書房

まえがき

　「出ない杭は腐る」．この言葉は，ある会社の新入社員に対する社長の訓示として話題になりました。ひところは「出すぎた杭は打たれない」とも言われました。「出る杭は打たれる」．日本的な集団主義と個人の葛藤を象徴する古くからの言葉です。この言葉の変遷を観るだけでも，この間のわが国における組織と個人との関係の変化を窺わせます。

　しかし，いざ私たちの毎日の職場にあてはめてみると，なかなかそうは一筋縄にいきません。例えば，「出る」といっても，「あの部署では少しは可能だが，この部署ではとうてい無理」ということはないでしょうか。また，誰に対して，どの時機に，どの程度，どのような表現で，何を「出す」のかなどと検討しだすと，その困難さはすぐにも実感できます。それは，私たちの身体感覚といえるほど染みついている，集団や組織に対するやりにくさや不安をもあらわしています。

　組織との心理臨床的関わりは，基本的には，個人心理臨床と同じように一回性の物語です。そこでは，関わる組織の風土や組織のキーマンの個性などと，臨床心理士の個性との出会いがもたらす独自の物語が複雑に展開していきます。

　私は，組織にメンタルヘルスを浸透させることは，経済原則を中心価値とする企業文化に，「社員と組織の健康」といういわば保健・福祉の異なる価値をもちこむことで価値葛藤を生じさせる困難な作業と考えています。そこには，これまでも，組織心理学や社会学から何度も指摘されてきた，変化に抵抗する日本的な集団主義や，個人と組織の葛藤といった，わが国の組織が抱えるさまざまな課題が背景に横たわっています。そこに思いを馳せたときに，例えば「長いものには巻かれろ」「見ざる，言わざる，聞かざる」というような日本的な諦観も根強くあることから，私たちは組織に関わることの困難さを予測し，躊躇するのかもしれません。実際，形だけのメンタルヘルス体制作りに終わらせずに，異なる価値間の実際的な統合を模索することは，けっして簡単なことではありま

せん。しかも，この側面に関する教育も遅れています。大学院での臨床心理士養成カリキュラムをみても，個人アセスメントや個人援助技法に比べると，手つかずといってもよいくらい手薄なところです。

しかし，それにもかかわらず，その困難な仕事に，これまで幾多の先達が関わってきています。まだ十分なテキストもない分野ですので，それは文字どおりトライ・アンド・エラーの手探りの開拓だったといえます。そこでは各人が，さまざまな行き詰まりや失敗の連続とそれなりの成功を繰り返してきたのではないかと思います。

かくいう私自身も，組織に関わる心理臨床としていろいろとやってきました。大学の学生相談室を中心とするメンタルヘルス体制作り，企業のメンタルヘルス体制作り，日本臨床心理士会産業領域委員会の立ち上げと運営，大学院臨床心理士養成コースの立ち上げと組織運営，院生の専門的能力向上を目指したカリキュラム開発と実践，学生の心理的成長を目指した授業の実践と改革など，多様多岐にわたります。その度に，時には手痛い失敗とそれなりの評価を受けた成功とを繰り返してきましたが，その失敗や成功の体験が，あまり意識的・自覚的に積み重ねられていないと次第に思うようになりました。とにかく頑張って，その都度その都度走り抜けてきた実感はありますが，いつのころからか，根本的に考えれば「やりっぱなし」だったのではないのかという感じをもつようになりました。

もちろんまったく何もしなかったわけではなく，臨床心理士として，組織に関わる諸現象をいろいろと言語化，記録化したり，研究会や研修などの機会があればそれを語ってきました。ここまでは，多くの先達も多かれ少なかれ実践されてきていることと思います。ただ，この各人の心理臨床実践がそれぞれに行われていて，必ずしも共有化されていなかったのではないでしょうか。それでは，上述のように必ずしも易しい心理臨床実践とはいえない組織心理臨床を，今後どのように共有化し，さらに発展させていけばよいのでしょうか。

まずは，組織心理臨床に関わっている実践家が，各々自覚的に，自分の心理臨床実践を公の記録として残していくことだと思います。それは，

報告書や研究紀要，書籍に発表したり，あるいは実践事例集としてまとめたりすることです。本書もその意図で企画されており，特に第2章では4人，第3章では3人の先達が自分の組織心理臨床実践を記し，語っています。

次に，方法論の意識的な導入であると私は思います。初めにも触れましたように，個々の組織心理臨床実践は，一回性のその時々における真実を基本とする独自の物語であり，それは記録や事例という形式で表現されます。しかし，その独自の物語をいくつも検討したときは，そこに共通する部分をモデルとして抽出できるのではないでしょうか。そこで役に立つ研究方法が，グラウンデッド・セオリー・アプローチや修正版グラウンデッド・セオリー・アプローチに代表される質的研究法であると思います。

臨床心理学は，一回性のその時々における真実を基本とする経験科学と，一般的な法則性を追求する自然科学をともに包摂する人間科学であると，私は考えています。しかし，包摂されているとはいえ，経験科学の代表である事例研究と自然科学の代表である統計的研究とは，あまりに乖離しすぎているように思います。両者を少しでも橋渡ししていく可能性を，前述の質的研究法は有していると私は考えています。この方法論については，本書では第1章と第4章で紹介されています。

ところで，個人心理臨床から組織心理臨床へという流れは，個人心理臨床が中心であった第2次，第3次予防から，個人とともに組織そのものも健康にするという第1次予防への展開という世界規模の潮流とも呼応しています。今後の大きな動向といえる，ストレスチェック制度創設が基本的に第1次予防を目的としていることも同様の流れといえます。その制度のなかで，私たち心理職に求められている役割の1つは，高ストレス職場の職場環境改善という組織への関わりなのです。この点は第3章で取り上げています。

ここで，まえがきの役割として，各章の紹介を簡単にさせていただきます。

第1章は，組織に関わる心理臨床の概説です。第1節は，組織に関わる心理臨床のこれまでの経過や臨床心理士の役割，第2節は，今後の発展に必要な質的研究法の導入について論じています。

　第2章は，4人の先達が，それぞれの組織に関わる心理臨床の実際を記したものです。第1節は，企業内の臨床心理士の産業保健を通じての組織心理臨床への取り組み，第2節は，長時間時間外労働者検診を通じての組織心理臨床への取り組み，第3節は，ＥＡＰを通じての企業外部からの組織心理臨床への取り組み，第4節は，教育研修を通じての組織心理臨床への取り組みです。

　第3章は，今後企業だけでなく多様な組織のメンタルヘルスの動向を左右するストレスチェック制度に焦点を当てました。第1節は，ストレスチェック制度の創設過程，目的とそこにおける心理職の立ち位置，第2節は，高ストレス者への対応における心理職の役割，第3節は，高ストレス職場の職場環境改善の取り組みの実際です。

　第4章は，あえてシンポジウムの逐語記録を掲載いたしました。本書では，組織心理臨床のさまざまなモデルを模索しているのですが，モデルの作成過程では，どうしても細部を省略して，そのエッセンスだけを抽象化させなければなりません。その過程で，時に貴重とも思える細部をそぎ落としていかざるを得ないことがあります。心理臨床は，一方で，生のデータのもつインパクトとダイナミズムに触れて，臨床心理士の体験過程がどのように展開するのかが重要ではないかと私は思います。その面では，司会者，シンポジスト，指定討論者，フロアの質問者などからの多種多様な語りが絡み合って織りなすグループダイナミクスをそのまま掲載することで，読み手の皆様の体験過程にとって少しでも意味のある展開が生じるならば幸いに存じます。

　最後となりましたが，粘り強いご支援をいただきました児島雅弘さん，曽我翔太さんを始めとする誠信書房編集部の皆様に心からの深謝を申し上げて，まえがきの稿を閉じさせていただきます。

2016年5月

編者　新田泰生

刊行を祝して

　このたび本書刊行に際し，関係の皆様の労をねぎらい，一言，お祝いの言葉を寄せさせていただきます。

　日本臨床心理士会に産業領域の委員会が発足したのは2001年で，新田泰生，廣川進，牧野純といった先生方が委員長の任にあたってこられました。そして，さまざまな経緯のもと，2011年より私が微力を尽くすこととなり，今日に至っております。

　ご承知のように私たち臨床心理士は，臨床の基本ともいうべき個別のケース対応を大切にしつつも，その土台を成す組織での動き方といった点では十分でない面があり，また産業現場等で求められるさまざまな知識や技術に関してもまだ弱いところがあり，教育養成等の面でもいっそうのテコ入れが求められています。こうしたことの背景に，心理職がその仕事の性質上，なかなか国家資格化されてこなかったこともいろいろと関係していたように思われますが，昨年2015年9月に「公認心理師法」が成立したことを受け，従来以上に人々や社会に広く貢献してまいりたいと念じるものです。

　本書はこうした一連の流れをふまえ，委員会のメンバーを中心とする執筆者たちが，相互の協議をもとに，これからこの領域でしっかり活動したいと思われる若手のために，またすでに現場で日夜，試行錯誤しておられる方々の更なるスキルアップのために役立てられるように組まれました。

　すなわち，最初に基本的なスタンスの提示のあと，歴史的なことから，組織への介入の工夫，研修の進め方，さらには現在非常に注目されているストレスチェックのことなど，さまざまな観点からの力作が並びました。どうぞご自分の興味関心に応じた順番で味読されればと思っております。そしてライブ感覚あふれる最終章の最後に「産業のみならず，いろいろなところで組織に関わっておられる方々のヒントに」という司会の松井知子先生の言葉に，本書のねらいが再度集約されるに至った感が

あります。
　この書がもとになって，日本におけるこの領域の実践と研究が，よりいっそう充実発展していきますことを，改めて心より祈念いたします。

2016 年 5 月
　　　一般社団法人 日本臨床心理士会 産業・組織領域委員長（第 2 〜 3 期）
　　　　　　　　　　　　　　　　　　　　　　　平野　学

目　次

まえがき（新田泰生）　*iii*

刊行を祝して（平野学）　*vii*

第1章　方法論を意識した産業心理臨床 ………… *1*
　　　　　　（新田泰生）

第1節　「組織に関わる」産業心理臨床へ …………………… *1*
1. 組織に関わる産業心理臨床のこれまで　*1*
2. 産業臨床心理士のアイデンティティ　*4*

第2節　方法論を意識した産業心理臨床 …………………… *5*
1. 研究方法を意識して　*5*
2. 心理臨床実践と質的研究の親近性　*6*
3. M-GTA の可能性　*8*
4. 普段使いの分析ワークシート　*10*

第2章　心理職と組織の多面的な関わり ………… *17*

第1節　私と産業保健活動との関わり──企業内心理職として
　　　　（森崎美奈子）　…… *17*

1. 心理学科をめざす　*18*
2. 臨床現場──精神医学・精神分析学・臨床心理学的アセスメントを学ぶ　*19*

3．職域——産業現場で多職種との連携を学ぶ　*19*
　　　4．大学教育に関わる——産業心理職の育成　*25*
　　　5．今後に向けて　*26*
　　　おわりに　*27*

第2節　長時間時間外労働者健診に参画した経験に基づいて産業・組織臨床における心理職の有用性を考える——長時間働いても病気にならない人のサバイバル・スキルとは？……*27*
　　　（足立智昭）

　　　1．長時間時間外労働者面談の半構造化　*29*
　　　2．長時間時間外労働者への半構造化面談から得られた結果　*33*
　　　3．健診としての長時間時間外労働者面談のメリット　*38*
　　　おわりに　*45*

第3節　外部機関としての関わり
　　　——役割と責任を意識したコンサルテーション…………*46*
　　　（松浦真澄）

　　　1．組織と関わる際の理念・方針　*47*
　　　2．組織との関わり方　*51*
　　　おわりに　*53*

第4節　組織の健康を支えるメンタルヘルス対策教育・研修の進め方……………………………………………………*54*
　　　（森口修三）

　　　1．メンタルヘルス対策研修の講師を依頼されたなら　*54*
　　　2．研修内容の落とし込み　*57*
　　　3．筆者の現場での実践から　*59*
　　　おわりに　*62*

第3章 ストレスチェック制度に活かす心理職の専門性················63

第1節 衛生学・公衆衛生学領域における心理臨床の展開
（松井知子） ······63

1. 産業保健（労働衛生）の流れにそった心理学的アプローチ　*65*
2. 改正労働安全衛生法に基づくストレスチェック制度創設の過程　*68*
3. ストレスチェック制度の目的と要点　*69*
4. 産業領域における心理職の立ち位置　*71*

第2節 ストレスチェック制度
——高ストレス者スクリーニングにおける臨床心理士の役割
（市川佳居） ······72

1. ストレスチェックにおける臨床心理士の面談の位置づけ　*73*
2. 医師の面接指導対象者選定のために行う面談（情報収集面談）　*74*
3. 労働者への相談対応　*79*

おわりに　*80*

第3節 ストレスチェック制度と職場環境改善··············*81*
（長見まき子）

1. ストレスチェック制度の目的と職場メンタルヘルス対策における位置づけ　*81*
2. 職場環境改善　*82*
3. 職場環境改善の取り組み事例　*86*

おわりに　*89*

第4章 「組織のメンタルヘルス体制作り」と「再就職支援」の最前線——現場からのモデルづくり，ビジョンづくりをめぐって・・・・・・・・・・・・・・・・・・・・*92*

第1節 司会の挨拶・・・・・・・・・・・・・・・・・・・・・・・・・・・・・・・・・・*92*
（森口修三・松井知子）

第2節 話題提供 ①
「少しだけ」方法論を意識しての産業心理臨床・・・・・・*94*
（新田泰生）

第3節 話題提供 ②
組織臨床コンサルタントという発想——惨事ストレス対策を根づかせる海上保安庁での10年間の活動から・・・・・・・・*106*
（廣川進）

第4節 話題提供 ③
再就職支援会社で支援を受けている精神疾患を抱えた中高年男性の失業体験プロセス——実践で活かせる研究の方法論の視点・・・・・・・・・・・・・・・・・・・・・・・・・・・・・・・*116*
（馬場洋介）

第5節 指定討論・・・・・・・・・・・・・・・・・・・・・・・・・・・・・・・・・・・*130*
（高橋美保）

第6節 質疑応答・・・・・・・・・・・・・・・・・・・・・・・・・・・・・・・・・・・*145*

あとがき（足立智昭）　　*152*

第 1 章

方法論を意識した産業心理臨床

新田泰生（神奈川大学）

> 第1章第1節では，相談室から組織への関わりという臨床心理士の役割の広がりを考え，臨床心理士のアイデンティティをサイコセラピストからコーディネーターへ少し移動させる必要について述べています。
>
> 第2節では，産業心理臨床における質的研究法の積極的導入の必要性を提示するとともに，その例として，M-GTA（修正版グラウンデッド・セオリー・アプローチ）と，日々の臨床現場と乖離しないように工夫された普段使いの分析ワークシートについて紹介しています。これらは，分析プロセスを明示化し，研究する人間の主観・問題意識を排除せずデータの深い解釈を可能にするとともに，思い込みをチェックする理論的メモ欄や対極例などの対処法があることから，心理臨床の研究方法として活用できると考えられます。

第 1 節　「組織に関わる」産業心理臨床へ

1.　組織に関わる産業心理臨床のこれまで

　長く大学院で臨床心理士の養成に携わってきた筆者の経験から見ると，臨床心理士になる人は，もともとが組織や社会などの外界よりも自他の内面などの内界に目を向けることを好む人が多いようである。そのためか，臨床心理士はどうしても相談室中心の活動になりがちな傾向が

あるのかもしれない。しかし，どの領域でも同じことではあるが，とりわけ産業領域の心理臨床においては，臨床心理士の役割は多様であり（新田，2002），対象となるのは個人ばかりではない。その人をとりまく職場環境，さらには企業組織の全体を視野におくことが重要となる。つまり，個人とその組織全体の精神的健康の維持と増進を目的とする，組織全体に関わる産業心理臨床が必要とされるのである。それにもかかわらず，現在の臨床心理士養成カリキュラムでは，その部分を担当する地域援助が，個人への面接や査定に比べて，その比重がかなり小さくなっているという大きな問題がある。したがって，臨床心理士の養成や特に卒後の現任者教育においては，この組織への関わりに関する教育を，意識的・積極的に取り入れていく必要があると筆者は考えている。

　さて，本書のテーマである，産業心理臨床における組織への関わりが特に注目されはじめたのは，おおよそ2000年前後のことである。まずは，日本臨床心理士会の産業領域委員会の活動にそって，それを概観しておきたい。産業界のメンタルヘルスの厳しい状況に対応するために，2000年8月に，国は「事業場における労働者の心の健康づくりのための指針について」を策定し，産業メンタルヘルスケアの取り組みを強化した。その指針では，中長期的視点に立った基本計画の立案，各事業場におけるメンタルヘルスケア体制の構築を求めているが，そのなかで臨床心理士は，心の健康づくり専門スタッフの一員として，またメンタルヘルスケアに関わる事業場外資源のひとつとして位置づけられている。

　この動向のなかで，翌年2001年1月に，日本臨床心理士会に産業領域委員会が発足した。当時の産業界では，産業医や産業カウンセラーに比べて，臨床心理士のことはあまり知られていなかった。それどころか，困ったことに，産業メンタルヘルスケアのキーパーソンの間では，「臨床心理士は，相談室にこもっているそうですね」という噂さえあった。当時は医療・病院の相談室モデルが中心となっており，産業界・企業組織への理解や産業組織への関わりが臨床心理士に足りていないという課題があった。それゆえ産業領域委員会の発足時の活動方針は，産業領域そのものの重要性のアピールと，産業界での臨床心理士の認知の拡大を

目標とした。そのために，臨床心理士会や心理臨床学会などにおける産業領域の重要性に対する認知と，産業界や他の産業団体における臨床心理士に対する認知の拡大を同時にめざすことにした。その後の産業領域委員会による，経団連（経済団体連合会）を通じた東京経営者協会との業務提携などの諸活動も，システム・マネジメントという，組織への関わり方のひとつなのであるが，それは文献（新田，2008）に譲る。本書では紙面の関係から，産業組織のメンタルヘルスケア体制づくりを中心に概観していきたい。

　当時，組織への関わりを心理職に求める動向は，産業領域だけではなく他領域にも生じていた。例えば下山（2002）は，スクールカウンセリングでは，学校組織において，生徒個人への心理援助と教師や家族への援助を統合する活動展開が求められるとし，このような個人と社会や組織をつなぐ心理的援助の枠組みの構築は，教育領域のみならず，産業，福祉，医療・保健など，いずれの領域でも喫緊の課題となっていると述べていた。

　前述のように，産業領域委員会の方針として，まずは，内部の臨床心理士に対して産業心理臨床自体の存在をアピールし，相談室から組織への関わりまでという産業臨床心理士の役割の広がりを認識してもらう戦略を開始した。その際に筆者（2002）は，「相談室を中心とする従来の諸活動」と「組織への関わりを中心とする今後の諸活動」からなる「産業心理臨床における活動モデル」を作成している。

　まず，委員会が発足した2001年から，日本心理臨床学会第20回大会で，大会企画シンポジウム「組織（企業組織・学校組織）に対する心理臨床家の関わり方」と，自主シンポジウム「心理臨床家は，産業「組織」にどう関わるのか」を企画，開催した。同じく2001年の日本臨床心理士会第4回全国大会では，研修「産業領域における臨床心理士のオリジナリティとは何か―事例と組織の両方に関わりながら―」を実施した。翌2002年の日本心理臨床学会第21回大会では，ワークショップ「組織（企業組織・学校組織）に関わるときの心理臨床家の専門性の広がりを求めて―産業臨床からの提言―」を企画，開催した。その後もしばらくは，

産業心理臨床に関する大会企画シンポジウム，ワークショップ，自主シンポジウムを毎年のように日本心理臨床学会で実施していった（新田, 2008）。

さて，上述のような組織に関わる実践はその後も継続的に実施され，その影響を広げてきたが，その一端が第4章に収録されている2014年の日本心理臨床学会第33回秋季大会自主シンポジウムの企画である。このシンポジウムは組織に関わる実践を目的のひとつとして企画されたものであるが，自主企画であるにもかかわらず，当日は300名前後の参加者を得ることができた。また当日参加者であったスクールカウンセリングの重鎮である村山正治先生が，これは単に産業領域だけの課題ではなく他の領域にとっても大事な内容であるとして，このシンポジウムの出版を強く勧めてくださったことを特記しておく。

さらに2014年からは，産業・組織領域（産業領域を改称）委員会企画の日本臨床心理士会臨床心理講座の新講座として，「組織で活躍できる臨床心理士を目指して」がスタートした。組織臨床に関わるときの姿勢と技法，さらには社会性のスキルアップを研修の目的としている。これは，産業領域に限らず，どの領域にも必要とされる研修として企画している。第1回目の好評を受けて，2015年度は2回実施された。

2. 産業臨床心理士のアイデンティティ

このように，相談室から組織全体へという臨床心理士の活動の広がりを産業領域委員会がめざすに際し，検討する必要があることは，サイコセラピー中心の臨床心理士のアイデンティティの見直しであった。過去には，産業臨床心理士であっても，個人心理療法家としてのキャリア発達がアイデンティティの中心であり，その反面，組織への関わりの実践に対しては回避や軽視がなかったとはいえない。しかし現在は，組織にコミットしていくにつれて，個人心理療法中心主義からの重心移動が必要となる。つまり臨床心理士のアイデンティティを，サイコセラピストからコーディネーターへ少し移動させるのである。

しかし逆に，精神保健福祉士や保健師のようなコーディネートを得意とする他職種と比べたとき，臨床心理士らしい姿勢や態度はあるのだろうか。筆者は，他職種と比べての強みは，やはりアセスメントやサイコセラピーにあると考える。他職種との連携に際して，臨床心理士らしい特徴を出すには，ケースの病態，職場の人間関係，組織の力動，今後の方針などのアセスメントの言葉をもつことや，個人の体験過程や職場のグループダイナミクスといったサイコセラピーの視点を活かして組織に関わることにある（新田，2002）。

第2節　方法論を意識した産業心理臨床

1. 研究方法を意識して

　産業心理臨床は，経済の大激動を受けて，既成の心理援助モデルだけでは通用しない臨床現場として，真っ先に直面している領域である。したがって，産業領域こそ，日々の観察・面接記録のなかから方法論を意識しながら，新しい心理援助モデルを構成していく研究方法が望まれる領域であるといえる。
　下山（2002）は，既成の理論にこだわることは，臨床現場の実態から柔軟に心理援助のモデルをつくりだすことの妨げになるという。外国の理論にこだわりがちなわが国の臨床心理学においては，臨床現場の活動から現場に即した心理援助モデルをつくることができないでいる。しかし近年，既成の理論の限界が強く意識されるようになり，個々の学派を超えて，臨床現場から新たな心理援助のモデルを構成していくことが強く求められるようになってきた。それは，日本が急速に高度の産業社会，科学技術社会，情報社会に変化し，高度の組織化が進んだために，さまざまな心理的問題が噴出してきたことによる（下山，2002）。
　産業心理臨床に，従来よりも積極的に研究方法論を導入する意義については，筆者は3点あると考えている。第1に，ともすると経験と勘に

頼りがちな現在の産業心理臨床実践の動向を，より科学的な方向に，発展させることである。第2に，上述の100年に1度の大変化といわれる産業社会の現場に即した新たな心理援助モデルをつくりだすことである。第3に，現在の産業心理臨床の知見を，将来に向けて蓄積していくことである。特に，さまざまな産業心理臨床実践をされてきた諸先輩の貴重な臨床経験が，あまり後進に伝わっていないことを心配している。このままでは，諸先輩の産業心理臨床実践の貴重な知見が，蓄積されずに消えてしまうことを危惧している。

2012年には，同様の問題意識のもと，日本産業カウンセリング学会第17回大会で大会企画シンポジウム「産業カウンセリングの実践と研究のコラボレーションをめざして」が実施された。そのシンポジストである下村は，日頃の実践を埋もれさせるのではなく，少し抽象度を上げて一般化することで，後世に伝えることができる，極論をすれば，キャリアを積んだベテランの実践家は，自らの実践のエッセンスを後世に伝える義務があるのではないかと述べている（森崎ら，2015）。

2. 心理臨床実践と質的研究の親近性

上述の目的を実行するには，日常の心理臨床実践から，より一般化した知見を残していくための研究方法論が必要なのである。研究方法論を活用するときに，量的研究法の重要性は今さらいうまでもない。特に，量的研究法による効果研究は，産業組織への大きな説得力をもっている。本書の第3章第3節では，長見が量的研究法による職場環境改善の効果研究結果について述べている。今回検討したいのは，量的研究法に比べて活用されることの少ない，しかし心理臨床実践になじみやすい質的研究法の可能性についてである。産業心理臨床では，量的研究と質的研究は，相互に補いあって共存していくものである。

ところで，このような質的研究法には，早くから下山（2002）が注目している。現場での臨床活動からモデルを構成していくための研究方法として，質的研究法が発展し，その理論的背景として社会構成主義も心

理学の世界に浸透しつつある。また，その具体的な動向として，現場の実践から活動モデルを構成する現場心理学の発想（やまだ，1997）を取り上げている（下山，2002）。

　ちなみに，やまだによる現場からの質的研究活動には，筆者も注目していた。日本人間性心理学会第23回大会(2004)では，方法論セミナー「質的研究におけるライフストーリーの位置づけ」が企画・実施され，講師はやまだようこ，指定討論は森岡正芳，企画・司会は筆者が担当した。その後のやまだの質的研究活動は，日本質的心理学会の設立へと発展をしている。なお，質的研究法の可能性のさらなる検討については，章末の文献（やまだ，1997；やまだら，2004）をご参照いただきたい。

　さて，産業現場では，人や組織が抱える複雑で多元的な文脈のなかで課題を研究し，その人の体験の意味や課題の全体像を理解できる研究方法が望まれる。また産業現場は多元的に変化しているので，その多元的な変化プロセスを，あまり単純化せずにモデル化できる方法がふさわしい。しかも求められているのは，すべてのフィールドを説明できる一般理論ではなく，このフィールド，この現場に生じた課題を説明できる状況密着型理論をつくりだす方法である。具体的には，例えば，数量的研究が行えるほど大量の事例がまだ存在しないなかで，最先端の産業現場に今ある7つか8つの事例から，臨床実践に役立つ仮説となるモデルをどのように科学的につくりだすか。そして，そのモデルを叩き台として，現場に戻し，その信憑性を検討し，さらに役に立つモデルへと修正していくのである。以上のような要請に役立つ代表的な質的研究法のひとつが，M-GTA（Modified GTA，修正版グラウンデッド・セオリー・アプローチ）である。本書で取り上げた質的研究法は，このM-GTAとアクションリサーチ，KJ法であるが，前2者については，第4章で馬場と筆者が詳述している。KJ法に関しては，第2章第2節で，足立がその調査結果について述べている。本章では，産業現場におけるM-GTAの可能性について述べることにする。

3. M-GTAの可能性

　M-GTAについて述べる前に，M-GTAの創始者である木下と筆者との主な関わりについて，触れておきたい。日本人間性心理学会第25回大会（2006）で，方法論セミナー「質的研究におけるM-GTA（修正版グラウンデッド・セオリー・アプローチ）の位置づけ」が企画・実施され，講師は木下，指定討論・企画は筆者，司会は小野が担当した。その後，日本臨床心理士会第8回産業心理臨床専門研修会（2013）で，分科会2「臨床実践の研究法としてのM-GTA」が企画・実施され，講師は木下，企画・司会は筆者が担当した。

　GTA（グラウンデッド・セオリー・アプローチ）は，目的を理論生成におき，質的研究において「データ」の視点を提示し，その分析法を示した点に特徴がある。しかし，GTAを創始したグレーザーとストラウスの間にはコーディング法などに関して違いがあり，それがのちの混乱をもたらすことになる。この混乱を契機として開発されたのが，木下によるM-GTAといえる。

　M-GTA創始者の木下（2006）によれば，M-GTAは質的研究においてデータを研究者に対して外在するものと位置づけ，それを分析対象と設定する。研究者とデータの未分化性を脱却することで，分析方法の明示化を達成可能な課題として設定した。質的研究に対しては，「データをどのように分析してその結果になったのかが分からない」「自分に都合のよいデータ部分だけを使い例外を除外して解釈しているのではないか」「データの解釈内容が適切であるのかどうか」といった疑問が従来提起されてきた。M-GTAは，このような質的研究法に投げられてきた主要な疑問に答えうる立場を確保できるのであり，量的研究の側からも理解可能な研究方法に向けた，いうなれば"質的研究における方法論的転回"を行った（木下，2006）。

　M-GTAは同時に，研究する人間の問題関心を強調することでデータの深い解釈を試みるように開発された（木下，2003）。解釈の適切さは

一義的には分析結果の説明力で判断されるべきであるが、それを前提にしたうえで技法面での工夫も必要であり、結局のところ研究者がどのような問題を明らかにしようとしたのか、データの解釈をどのように進めたのかという思考プロセスを説明可能にすればよいのである（木下, 2006）。

木下（2006）によれば、M-GTAの分析は以下のように進められる。まず、データの切片化はしない。M-GTAは特にインタビュー調査のデータ分析を想定しており、分析の最小単位を「概念」としたうえで、概念の生成を分析ワークシートと呼ぶ独自のフォーマットを用いて進める。分析ワークシートは、概念名、定義、具体例（バリエーション）、理論的メモの4欄からなる。進行に応じてレベルの異なる複数の作業を同時並行で進めながら、データとの対応を確認しつつ、全体のまとまりを形成していく流れとなる。

最初の作業は、分析ワークシートの立ち上げである。分析テーマと分析焦点者（その研究において分析視点のおかれる人間）の2点からデータを見ていき、着目箇所を具体例欄に転記する。そして、その着目箇所がひとつの具体例となり、同時に他の具体例をもある程度説明可能な概念を検討し、その意味を定義し、さらに概念名を所定欄に入れていく。概念の要件は、一定程度の現象多様性が説明できることとする。解釈のときのさまざまなアイディア、疑問は理論的メモ欄に記入していく。1概念は1分析ワークシートで進めるので、生成する概念の数だけ分析ワークシートを作成する。分析ワークシートを立ち上げると、以後はデータを見ながら類似例を見ていき、該当する部分をワークシートの具体例の欄に順次追加転記していく。その際に、類似例だけでなく対極例がないかどうかも並行してデータを見ていく。これにより、例外が排除されたり、解釈が恣意的に偏っていく危険をチェックする。したがって、生成した概念の完成度は、分析ワークシートの具体例およびその対極例の有無という形で、データに即して確認することができる。

1つ目の分析ワークシートを立ち上げその完成作業をしていくなかで、同時に、データの別の箇所に着目し、そこを具体例とする2つ目の

分析ワークシートを立ち上げ，同様にその完成レベルを上げていく。この方式で3つ目，4つ目と，新たな概念生成が不要となるまで，データ全体に対して分析ワークシートの作業を進める。したがって，同時的に，複数の概念について，データから類似例と対極例を見ていくことになる。

さらに，概念の生成作業と並行して，概念と概念の関係を検討していく。これは分析ワークシートとは別に理論的メモノートをつくり，そこに図でも記していく。この作業が概念と概念の関係であるカテゴリーの生成となっていく。

最終的には，生成した概念とカテゴリーやコア・カテゴリーとの関係で分析の全体像を確定し，その結果図とその要約であるストーリーラインの2つの形でまとめるのである（木下，2006）。

M-GTAは，「分析プロセス」を明示化するとともに，研究する人間の「問題意識」を強調し「データの深い解釈」を可能にすることなどから，筆者は，臨床心理実践の方法論として活用できると考える。

4. 普段使いの分析ワークシート

さて，現在GTAやM-GTAは，博士や修士の学位論文や学会誌の査読論文などで多く用いられており，質的研究法として安定した評価を得ている。また，近年では，産業領域でも，産業カウンセリング学会でも，木下を招きM-GTAの研修会（2012）を企画したり（企画者 廣川進），前述のように，日本臨床心理士会第8回産業心理臨床専門研修会（2013）でも，木下を招きM-GTAを取り上げたりしている。

筆者も，博士論文や修士論文でM-GTAの研究指導をしているが，一方で日常の臨床現場ではM-GTAの分析ワークシートを単独で用いた使い勝手のよい研究方法を工夫している。前述のようにM-GTAは博士の学位論文で多用されるくらいに精緻な研究方法に仕上げられているが，反面，現場の実践家が日々の心理臨床実践で気軽に普段使いするには，やや敷居が高いという声も聞こえてきている。最終的に結果図とストーリーラインに仕上げることは，現場の実践家にとっては，長い時間とエ

ネルギーを必要とする困難な仕事となりがちかもしれない。これでは，日々の臨床実践に M-GTA を導入することは難しく，ここでも従来から問題視されてきたように臨床実践と研究が乖離してしまうことになりかねない。筆者は，前述のように日々の心理臨床現場にもう少し研究方法論を取り入れることで，より科学的な心理臨床実践の発展をめざしたい。そのためには，研究法の精度を多少弱めても，日々の心理臨床実践に適合するような研究方法が必要なのである。もともと研究法の精度の探究と心理臨床実践の要請とは，葛藤する側面がある。古くは，ワトソンの行動主義心理学が主張した「目に見えないものを研究対象から除外する」という研究方法の精度の追求に対して，人間性心理学は「意味のある対象を研究すること」を第一義とし，研究方法の精度追求にこだわりすぎず，多様な研究方法を模索してきた歴史をもつ。筆者は，わが国における人間性心理学の多様な研究方法の模索と開発も，質的研究法につながったものと考えている（新田，2012）。以上から，筆者は，日々の心理臨床実践に適合するような研究方法を模索することを第一義として，あえて M-GTA の精緻な精度を弱めることを自覚しながら，M-GTA の部分的使用を試みたい。

　筆者は，分析ワークシートのみを用いて，現場の日々の記録データのなかから，臨床上重要な概念をつくりだし，それを現場に戻して，その信憑性を検討し，実践に役立てていく方法を用いている。概念だけ，せいぜいカテゴリーレベルまででも，現場の臨床データのなかから，実践家の経験と深い解釈を活かした臨床に役立つ概念を構成することができる。筆者は，これを「普段使いの分析ワークシート」と呼んで，日々の臨床現場で活用している。その定義は，現場の日常実践記録データのなかから，M-GTA の分析ワークシートを用いて重要な概念をつくりだし，それを現場に戻して，その信憑性を検討し，それを修正しつつ実践に役立てていく方法であり，実践家向けの質的研究方法である。

　実際の活用法としては，例えば事例検討会のスーパービジョンで，スーパーバイザーとしてコメントするときに，普段使いの分析ワークシートを活用している。事例提供者の事例記録データからあらかじめ必要な概

念を分析ワークシートでつくっておくことは，筆者にとってデータに基づいて事例を理解・整理しておくことになる。また事例提供者や参加者にとっても，その概念の根拠となる具体例（バリエーション）をいくつも示しながらのコメントは，理解・納得しやすいものとなる。さらにスーパーバイザーのコメントに対して，事例提供者や参加者が疑問を述べるときも，そのコメントの根拠となったデータに対して，別の解釈を提示することで，話し合いを相互に反証可能で建設的なものにすることができる。

　また，日頃の心理臨床実践，特に組織に関わる実践は，誰と会ってどのような会話をしたか，その結果はどうであったか，あるいはスタッフや社員のどのような言動を観察したかなどを，その都度簡単にでもこまめにパソコンに記録するようにしている。そしてそうした日々の記録データを随時読み直して，そのなかから重要と思う部分に着目して，分析ワークシートを用いて概念をつくっていくのである。以下に示すのは，そのようにして作成した概念，分析ワークシートの例である。

　1つ目の分析ワークシートの「概念名」は，共同分析者と検討し，変化していった過程を，その日付とともに右欄に記している。またその検討プロセスの実際を「理論的メモ6」に記述した。

分析ワークシート例 ①

概念名	理念の建前化，201x年6月15日。理念の空疎化，201x年6月23日。理念の建前化，201x年6月25日。
定義	理念として主張されていることが，建前として終わってしまっていて，日々の実践のなかで，検証，修正，改善されず，長い間変化せずに停滞したままなっていること。
具体例	1　A委員会の主張は，それなりの現状批判と問題意識のなかからつくりだされたスローガンだった。ただし，その後の実践による検討，修正がなくて，いつまでも同じスローガンを繰り返し続けた。 2　臨床心理士Bは，メンタルヘルス研修のプログラムを5年間同じ内容で続けてきた。はじめは評判もよかったのだが，最近は参加者から面白くないとのフィードバックが増えてきたり，会社の総務スタッフからは，新しいプログラムへの刷新を求める意見も聞こえてきている。 3　C社で，他社に横並びで導入された新しいメンタルヘルスシステム

		が，現場となじまずに十分な効果を挙げているように見えないのに，効果があるという建前だけで，5年間もその効果が検討されないまま継続実施されている。
	4	ある治療法が，長年にわたって実施されているのに，あまり効果が挙がっていない。新しい治療法が開発されていて，より効果を挙げているという情報も耳にしている。D病院では，7年前に，あるスタッフがこの問題に気づき新しい治療法も検討したが，当時はスタッフたちの危機感や問題意識が薄くて，取り上げられずに終わった。D病院では，この問題は，その後も放置されたままだった。
理論的メモ	1	A委員会の主張が，借り物のスローガンだったわけではない。それなりの現状批判と問題意識のなかからつくりだされたものだ。ただし言いっ放しで，その後のPDCA（Plan-Dc-Check-Action）がなくて，同じ主張を繰り返したということが問題である。
	2	メンタルヘルス研修は，臨床心理士が直接に組織に関わることができる貴重な機会である。その意義を自覚するならば，毎回丁寧なアンケートを取り，参加者に興味のありそうなプログラムを毎年工夫・更新していくような努力が必要である。
	3	受け売りの理念やシステムを鵜呑みにしていたので，実践のなかで，そのシステムを検証，修正したりして，改善・発展がなされていない。導入時のアピールのままに，何年も検証・修正されていないままであることが問題である。導入された理念やシステムが，C社の現場に適合できるように修正していくなかで，借り物の理念・システムをC社流に再構築していく必要がある。
	4	より根本的，一般的にいえば，問題の放置ということか。これを概念名にできないか。ただし，問題の放置は，あまりに一般的すぎ，大きすぎないか。かなり多様な具体例を含んでしまう概念になってしまう。これは，より包括的なもので，将来的にはカテゴリーに相当するといえる。
	5	全体的には，PDCAの欠如が，すべてのバリエーションに共通する点かもしれない。ただしこれも，より包括的なもので，概念と言うよりは，将来的にはカテゴリーに相当するだろう。
	6	概念名を，理念の建前化とするか，理念の空疎化とするかを迷い，共同分析者に諮った。共同分析者の指摘は，空疎化では，理念はほぼ無視されているが，建前化では無視まではいかずにそれなりの存在感を保っているとのことであった。現実の臨床場面では，建前化の方が多いと思われ，理念の建前化の方を概念名とした。ちなみに，概念名は，日付と共に，名称の変遷を示しておいた。
	7	対極例は，「理念の充実・発展」を示すバリエーションだろうか。

分析ワークシート例 ②

概念名	組織の公の論理と個別的事情の不均衡
定義	臨床心理士が組織の公の論理を軽視して，クライエントや特定の部署の個別的事情に過剰に肩入れしてしまう傾向のこと。
具体例	1　人事課長からA臨床心理士へのアドバイスがあった。労働安全衛生委員会で，A臨床心理士がB課の事情を強調しすぎるのはいかがなものか。個々の部署には，それぞれの困難さや特有の事情がある。そのうえで，会社全体としてのルールを守っていかなくてはならないとのことであった。 2　産業医からのC臨床心理士への要請があった。C臨床心理士のカウンセリング回数が長くなりがちである。C臨床心理士の限られた担当可能時間数なので，より短期にして，より多くの人がサービスの機会に恵まれるように配慮してほしいとのことであった。 3　D臨床心理士は，会長派閥のE総務係長から，カウンセリングは社員を甘やかすことにならないかと疑問をぶつけられた。それに対して，丁寧にやりとりしたD臨床心理士は，それ以来E総務係長と良好な関係を築いてきた。最近，E総務係長から職場内での，複雑な派閥関係について，特に社長派閥の攻勢に苦労している話を聞かされ，D臨床心理士は，E総務係長の立場の大変さに深く同情し，社長派閥の動向に反発を感じた。 4　F臨床心理士は，労働組合書記のG氏と話し合ううちに，社員の働きがい，生きがいを尊重する理念に共鳴し，以来良好な関係を維持してきた。ある日，互いに委員である労働安全衛生委員会の重要懸案事項について，組合側の主張を聞かされ，その考え方に強く惹きつけられた。
理論的メモ	1　人事課長は，組織において，社員に対する規律の維持や各人への公平性を大事にする。臨床心理士は，それを軽視しがちで，盲点になりがちである。 2　産業医は，立場上，社員へのサービスの公平性を考える。C臨床心理士の限られた担当可能時間数とカウンセリングの目的を検討したうえで，カウンセリングの適切な回数を調整していく必要がある。 3　臨床心理士が関係者に対して公平に関わるためには，中立を守らねばならない。派閥はどの組織にもある。会長派の理念を理解はするが加担はしないし，社長派の理念を理解はするが加担はしないという中立のスタンスが重要である。理解しつつ関係づくりはするが，巻き込まれないようにして，中立を守る。 4　多くの臨床心理士は，労働組合について理解不足である。労働組合には，労働者の権利を守り，経営側と団体交渉できる権利が，労働組合法で保障されている。経営側の営利至上主義への現実的な歯止めの役

> 割を取れる団体であり、メンタルヘルス体制づくりを検討する労働安全衛生委員会の重要な構成メンバーである。ここでも、経営側の理念を理解はするが加担はしないし、労働組合側の理念を理解はするが加担はしないという中立のスタンスが重要である。F臨床心理士にとっては、G氏との関係は個人的な関わりのつもりでいても、周囲からは組織上の関係と見られがちであることへの配慮が必要である。
> 5 組織に関わるときに、臨床心理士は、チーム一員としての組織の公の論理の共有よりも、クライエントや特定の集団の個別的事情に過剰に肩入れしてしまう傾向がある。そこには、臨床心理士が、メンタルヘルス・スタッフ間でのチームワークを難しくさせる要因のひとつがある。これは、臨床心理士の傾向として、外在化し、課題として対処する必要があるだろう。
> 6 対極例は、「組織の公の論理と個別的事情の均衡」を示すバリエーションだろうか。

以上、普段使いの分析ワークシートの例でご理解いただけたと思うが、これは日常の心理臨床活動の範囲で可能な研究である。このように概念、分析ワークシートを作成することで、臨床上の重要点を、データに基づいて自分でも整理することができ、またそれを同僚や他職種のスタッフにも、伝達可能な形にすることができる。

なお活用時の留意点は、①研究者の思い込みや偏見に注意して、自分の思考に対して十分な距離をとりそれを対象化して、そこでの思考プロセスを「見える化」できるように、その都度それを理論的メモ欄に記していくこと。②解釈や分析は共同分析者に随時提示し、研究者の思い込みや偏見にフィードバックをもらうこと。また、これらの諸概念が、時にコア・カテゴリー、結果図のM-GTAへと発展する場合もあることはいうまでもない。

ちなみに、M-GTAの本格的な研究例については、第4章に収録されたシンポジウムでの馬場の発題を参照されたい。

【文　献】

Glaser, B. & Strauss, A. L.（1967）. *The Discovery of Grounded Theory*. Chicago: Aldine. 後藤 隆・水野節夫・大出春江（訳）（1996）．データ対話

型理論の発見．新曜社．

木下康仁（1999）．グラウンデッド・セオリー・アプローチ——質的実証研究の再生．弘文堂．

木下康仁（2003）．グラウンデッド・セオリー・アプローチの実践——質的研究への誘い．弘文堂．

木下康仁・新田泰生・小野京子（2006）．質的研究における M-GTA の位置づけ．日本人間性心理学会第25回大会プログラム発表論文集，40-41．

森崎美奈子・森田一寿・下村英雄他（2015）．産業カウンセリングの実践と研究のコラボレーションをめざして．産業カウンセリング研究，**16**(1)，36-47．

新田泰生（2002）．産業領域における活動モデル．下山晴彦・丹野義彦（編著）講座臨床心理学6 社会臨床心理学．東京大学出版会，pp. 127-145．

新田泰生（2008）．臨床心理士の産業領域における臨床心理実践について．桜美林論集，**35**，105-113．

新田泰生（2012）．研究方法をめぐって．日本人間性心理学会（編）人間性心理学ハンドブック．創元社，pp. 144-151．

下山晴彦（2002）．社会臨床心理学の発想．下山晴彦・丹野義彦（編著）講座臨床心理学6 社会臨床心理学．東京大学出版会，pp. 3-24．

やまだようこ（編）（1997）．現場心理学の発想．新曜社．

やまだようこ・森岡正芳・新田泰生（2004）．第23回大会 方法論セミナー「質的研究におけるライフストーリーの位置づけ」．人間性心理学研究，**22**(2)，145-170．

第2章

心理職と組織の多面的な関わり

> 　心理職が組織に関わる場合，組織内の所属か外部 EAP (Employee Assistance Program: 従業員支援プログラム) かの違いで，責任の所在や所属する組織から提示されたミッション，職務内容や収集情報量は異なってきます。常勤・非常勤の違いもまた，業務や職責の違いに関係します。そして，関わる組織が異なれば当然，組織文化やルールの違いがあり，心理職もその違いに応じて関わり方の多面性が増していきます。
> 　第2章では，まず第1節で，産業臨床における企業内心理職の第1世代の先達が，産業保健活動に関わる「まで」と「その後」を振り返り，後進への提言を語ります。第2節では，企業内心理職が，長時間残業の健診業務に参画するなかで，具体的な面談の工夫と得られた知見を報告します。第3節では外部 EAP の心理職が重要視している「組織への関わり」の理念と方針を示し，具体策を述べます。第4節では，産業・組織臨床において心理職に必須のスキルである教育・研修の進め方について，押さえておくべきポイントを示します。
> 　　　　　　　　　　　　　　　　　　　　　　　　　　（足立智昭）

第1節　私と産業保健活動との関わり
——企業内心理職として

森崎美奈子（京都文教大学）

　近年，心理学への関心が高まり，大学院入試の難関を突破して臨床心理学を学ぶ後輩が増えていることは頼もしく，また心丈夫なことである。

私が大学進学をめざしていた頃と比べると隔世の感がある。当時は心理学科そのものが少なく，ましてや現在のように大学で臨床心理学科を設けていたところは皆無に等しかった。

今回，本書『心理職の組織への関わり方』の原稿依頼を受け，"私のビジョンや技術……!?"と今更のことではあるが，「私の拠って立つところは何か」と煩悶させられた。しかし，私自身の過去・現在を振り返ることが，心理職の産業組織への関わり方への提言につながるのではないだろうか，心理職として歩んできた自身のこれまでのありようを振り返ることが，"産業心理臨床考"となるのではないだろうかとの思いに至り，稿を進めることにした。

1. 心理学科をめざす

高校時代の私は，できれば生涯にわたって関われる仕事，それも"人間的分野で"との思いから，教育やジャーナリズム関係へ進みたいと思っていた。大学の進路決定に迷っていた頃，教師の「これからの時代には心理学が求められる」との一言が今日の私の原点となっている。「心理学が求められる」との一言は衝撃的だった。「心理学!?」未知のしかも新しい言葉の響きが私の心を捉えた。私は「学生を少数に絞り，きめこまやかに密度濃く指導し，しかも進取で自立を求める校風である」との教師の薦めで，東京女子大学文理学部心理学科をめざすことにした。

実際，そこは進取で自由な校風であり，指導方針は"心理学は実験や演習が不可欠であるため学生は少数（1学年26人）に絞る，基礎をしっかり学ばせ，どのような分野に出ても応用がきくようにする"という密度の濃い指導体制だった。ただ前述したように，当時は臨床心理学科と臨床心理研究科はほぼ存在していなかったので，私が本格的に臨床心理学に関わるのは，慶応義塾大学医学部精神神経科教室に助手として入局してからのことになる。

2. 臨床現場
――精神医学・精神分析学・臨床心理学的アセスメントを学ぶ

　当時，日本の医学部の大学病院は，無給助手の医局員によって支えられていた時代だった。よい意味での徒弟制社会があり，先輩からのしっかりした個別指導が受けられたのである。慶応義塾大学医学部精神神経科教室に入局することで，精神医学や臨床心理学に関する体系的で組織だった専門的教育を受ける機会が得られたことは，私にとって幸運だったと思う。現在の私の学問の基盤が構築できた場所だった。

　精神神経科教室は三浦岱栄教授の下でドクターやサイコロジスト（心理職）で活気にあふれていた。私の所属した心理研究室では，新進気鋭の小此木啓吾先生（精神科医）が精神分析学や精神療法の指導をしていらした。サイコロジストのリーダーはロールシャッハテスト研究の第一人者，馬場禮子先生で，馬場先生から各種心理学検査，特にロールシャッハテストのグループまたは個人スーパービジョンを受けたときの緊張感は今でも忘れられない。日中や早朝（診察開始前）のクルズス（講義，勉強会）や精神科外来診療での陪席，各種心理検査の実施と査定，患者さんとの面接，そして検査や面接に対する先輩からのスーパービジョン，夕方からの各種研究会etc.と充実した日々を送ることができた。

　系統だった基本的な研修は2年ほどで終わり，その後はテストグループと治療グループに分かれて研究することになった。私は治療グループに所属し，主に不登校児や自閉症児の治療や母親面接を担当した。その後，医学部に籍を置きながら，総合病院，精神科病院，児童クリニック，保健師と，さまざまな場所で臨床活動に従事することになった。

3. 職域――産業現場で多職種との連携を学ぶ

　さて，私が心理療法，心理査定などの臨床活動から産業保健活動に転じたのは，1985年のことである。当時の日本経済は高度成長期（1955

〜73）を経て，安定成長期（1973〜86）が終わり，バブル期（1986〜91）に入ろうとしていた。その後の日本社会はバブル崩壊，さらに崩壊後の失われた10年と呼ばれる長期不況期（1991〜2002）を経て，好景気と呼ばれながら低成長にとどまったため"陽炎景気"とも呼ばれた"いざなみ景気（2002〜07）"，サブプライムローンの破綻をきっかけとした深刻な世界同時不況（2008〜）へと激動のときをたどっていく。私の産業保健活動はまさに，この時代の流れとともにあるといえる。

1985年4月，「今後は，働く人々の心のケアが重要になる」と小此木先生や馬場先生に背中を押され，産業現場に進んだときの私は不安でいっぱいだった。そんな私が今日あるのは，産業保健活動で出会った産業医，産業保健スタッフ，人事労務担当，安全担当，職制などの多くの方々からの示唆・助言からの学びがあったためであると思っている。学会などでの諸先生方の討論・提言にも触発されるものが多々あった。そして，強く痛感したことは，企業のなかで心理職として働く際の，多職種との連携の重要性である。

A. 企業内心理職としての役割

1980年代は技術革新と情報化の進展，労働形態の変化，効率化追求，女性の社会進出，労働者の高齢化などによって，ちょうど働く人々のメンタルヘルスが問題になり，職場のストレス対策が注目されはじめた時期だった。

私は（株）東芝本社に入り，勤労部安全保健センターに配属された。このセンターは，労働安全衛生法に則った安全衛生活動の施策を立案し，全社展開する部門だった。"産業現場の何たるか"，"労働安全衛生の何たるか"をまったく知らない状態の私は戸惑い，悩み，産業現場での心理職としての活動の切り口を模索しはじめた。そのためにまず，他企業の心理職の位置づけと活動の実態を理解しようと努めたが，その結果，多くの企業で心理職は診療・相談活動のために非常勤のカウンセラーとして雇用されている実態が分かってきた。

そこで，私は，産業精神保健活動（≒メンタルヘルス活動）は労働安

全衛生法などを法的根拠とし，"従業員と職場組織の活性化"を目的とする広範囲な活動であると考えて，自身の心理職としてのアイデンティティ（identity）を一時棚上げすることにした。勤労部安全保健スタッフとしての立場で"従来の診療・相談活動的な視点ではない，労働安全衛生的視点でのメンタルヘルス対策"構築をめざそうと考えたのである。そして，"社内のメンタルヘルス状況の把握と解決のための施策，活動の体系化とシステムづくり"を課題とした。

B. メンタルヘルス活動方針の企画推進

まず，

(1) 従業員に対しては"安全で健康的な職場環境で就労し，自己実現を果たすこと"をめざす
(2) 企業にとっては"従業員のメンタルヘルス不調によって生じる損失を減らし，優良企業としての企業活動を推進すること"をめざす1次予防活動であることを明確にする

上記の(1)(2)を踏まえたうえで，活動推進の"鍵"は，第1に社員のメンタルヘルスの現状把握と解決の施策，第2にメンタルヘルス活動の体系化と活動継続のシステムづくりにあると考え，活動目標を"コミュニケーションの良い明るい職場風土づくりと社員の自己管理意識の啓発"におくことにした。

具体的には，

① 管理職へのリスナー研修
② 社内相談体制の整備とPR
③ 相談の受け皿として産業保健スタッフ（看護師・保健師）の育成と支援
④ 関連部門（職場・人事・安全・健康管理）の連携強化とコンサルテーションなど

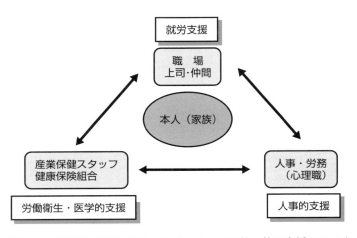

図2-1 関係者(部門)のチームワーク——三位一体の支援システム

である。

現場の職制(管理・監督者)の方々との情報交換や討議を通じて,職場不適応の実態と背景に潜む問題点を見つめ,従来の"従業員の職場不適応は医療職に任せておけばよい"という姿勢から,"上司・人事労務スタッフなどがそれぞれの立場で健康管理部門(産業保健スタッフ)と連携して,従業員の職場適応を支援する「三位一体支援体制」の構築"へと方針転換した(図2-1)。関係者の連携で適切な支援(就労支援,人事的支援,労働衛生・産業保健的支援)を実施する機能を事業場内に確立しておくことの重要性を明確に示した。

上司,人事,産業保健スタッフはそれぞれの立場から,従業員と職場の関係をアセスメントし(図2-2),従業員の不適応現象に迅速に気づくことが重要である。これについては,現場の職制がリスナー研修を通して理解しはじめてくれた。支援体制づくりの機能強化が,企業内のストレス対策やメンタルヘルス活動推進には不可欠であることを,まずは現場の職制に理解してもらったのである。

施策立案・推進に際しては,医学部で習得した専門的知識・技能,人的交流が活動推進の礎になっていたことはいうまでもない。特に,精神分析的アプローチは組織(集団・職場)の心理力動を明確にするのに有

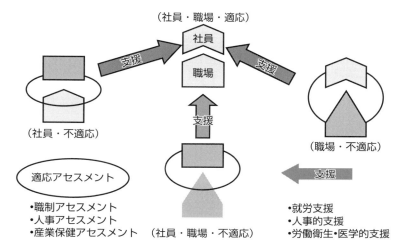

図2-2 三位一体の支援システムの機能

効であり，企業・組織の問題把握に非常に役立った．さらに，"心理学の基礎をしっかり学ぶことが将来多様な分野での応用を可能にする"との大学の教育方針の重みを実感することになった．

　労働安全衛生の視点で，労務管理の一環として進めたメンタルヘルス活動は，ときを経た今でも職場メンタルヘルス活動の基本であると私は考えている．

C. メンタルヘルス対策の実際

　メンタルヘルス対策は，予防対策（教育・広報），早期発見・早期治療，相談システム，休職・復職支援システム，危機管理システムなどの多くの内容を含んでおり，いわゆる黄金律のようなものは存在しない．しかし，多くの不適応事例から，メンタルヘルス活動を根づかせるためには，①正しい知識の普及と習得，②人権・プライバシーへの配慮，③職場（ライン）を中心とした活動であること，④関連部門（人事労務・職場・健康管理担当）の相互支援システム（役割分担，密接な協力連携）を構築すること，が非常に重要な要素になると思われる．

なお,「精神分析的アプローチが企業・組織の問題把握に非常に役立った」とすでに述べたが,その視点から,"企業での相談活動においては,相談者(不調・不適応従業員)は組織・職場の『バイオメーターである』との視点をもつこと"が大切であると思う。産業現場では,"個人の問題の背景には組織の問題がある"ことを常に意識する視点が不可欠であると強調したい。

　次に,臨床心理学や精神医学では学ぶことのない,疾病性と事例性に関する視点について詳しく述べていきたい。

D. 疾病性 (illness) と事例性 (caseness)

　産業保健活動での大切な視点に,疾病性と事例性がある。上司や人事担当者は,職場不適応(メンタルヘルス不調)の疑いがある従業員に対して,以下のように反応しがちである。

「その従業員は病気ですか!?」
「病気だとしたらどんな病気ですか!?」
「病名は!?」

　このように,症状や病名に焦点を当てることを「疾病性」と呼ぶ。
　しかし,従業員がどのような症状なのか,どのような病名なのかは,私的な問題である。会社は仕事をする場であり,職場では従業員の病名よりもその従業員と職場にどのような影響が出ているかの方が重要になる。「疾病性」に対して,従業員が遅刻や無断欠勤をする,勤務中に所在が分からなくなる,上司の指示命令に従わない,仕事の能率が落ちている,職場の規則を守らないなどの現象(事実)に焦点を当てる視点を「事例性」と呼ぶ。

　「上司の命令に従わない」「勤務状況が悪い」「アウトプットがない」「トラブルが多い」などの客観的事実に対しては,職場関係者はその変化にすぐ気づけるだろう。ただし,「幻聴」「被害妄想」「統合失調症」など,症状や病名に関しては専門家の判断が必要になるため,安易に判断を下

すべきではない。前述したとおり、職場で何か問題が生じた際に職場の人たちが優先すべきは、病気の診断（疾病性）ではなく、業務上何が問題になって困っているか（事例性）を洗い出すことである。産業組織に関わる心理職には、是非知っておいていただきたい、必須の視点である。

4. 大学教育に関わる——産業心理職の育成

日本企業は経済不況のなかで、成果主義導入、徹底したコスト削減、リストラ、海外生産を進めることで業績を回復させた。しかし、その結果、職場生活はめまぐるしく変化して、労働者の心の危機、特にうつ病が大きな問題になったことはよく知られている。実際、1998年に自殺者は一気に3万人を超え、うち労働者の自殺は約8千～9千人で推移した。うつ病は有効な治療法が確立しているにもかかわらず、多くの労働者が適切な治療を受けずに自殺に至ったことも明らかになった。現在、心の不調が業務に起因するとの労災申請が急増し、さらに民事訴訟での企業の安全配慮義務が問われている。

企業は、労働安全衛生法に基づくメンタルヘルス指針や新メンタルヘルス指針によって、対策を推進している。多くの企業にとってメンタルヘルス対策の目的は、安全配慮義務、労災予防といったリスクマネジメントに位置づけられたストレス対策である。企業と従業員にとって役立つメンタルヘルス活動のあり方を検討・推進するにはコーディネーターが必要になるが、それを産業現場で誰が担うかが問われている。

私は、①精神医学、臨床心理学などの専門性を習得していること、さらに②社会心理的な視点に立って個人および組織に働きかけられること、を勘案すると、産業保健スタッフのなかでは臨床心理士が適任であり、産業領域に関わる臨床心理士の育成が必要と考えていた。そのようなときに帝京平成大学からの要請を受け、産業現場で機能できる臨床心理士育成に関わる決断をしたのである。現在は、京都文教大学臨床心理学部と大学院で産業カウンセリング、産業精神保健特論学などを担当しながら、産業メンタルヘルス研究所所長を兼任し、メンタルヘルス施策

の推進役としてのより高度の知識とスキルを習得する産業心理臨床家育成プログラム（2年間）や院生向けのワークショップなどを開催している。

　これからの産業心理職には，ケースに対応（アセスメント・診断，相談・ケア，危機管理）する能力に加え，メンタルヘルスサポート体制づくりやストレス対策での積極的・具体的な実践が期待されていくことになると思う。また啓発・予防マニュアル作成，ストレス対処法，キャリア・アップなどの教育研修プログラム開発と実践を通じて，企業の人材育成に参画する意識も求められるはずである。

　なお産業現場では，2015年12月より従業員が50人以上の企業には，ストレスチェック制度が義務化された。また2015年9月に公認心理師が法制化された。この機に，心理職がいかに職場のメンタルヘルス専門家としての役割・課題に応えられるか，各大学の教育研修システムやカリキュラムの開発が喫緊の課題であると言及させていただく。

5. 今後に向けて

　さて，紙幅の関係から今後求められる産業精神保健の課題について私見を述べ，本節を閉じたいと思う。社会経済面の大変革は，働く人々の心身をむしばみ，職場不適応，過労死，過労自殺を多発させ，心の健康問題は社会的な緊急課題であり続けている。日本は世界競争の荒波に翻弄されており，企業は今後，強くたくましく自律した勤労者を求めることになると思われる。よって，社員に対する自律や自己評価を高める心理トレーニング，業務遂行上の問題行動および医療上の問題を抱える部下をもつ管理者へのマネージャー・コンサルテーション，作業関連ストレスの適切な改善や指導などは，産業精神保健の重要な課題となっていくはずである。また，経営者層のメンタル・トレーニングも必須となってくる。したがって産業精神保健活動には，ポジティブ心理学の視点からの経営サイドへの働きかけや，キャリア・アップ教育などの人材育成への参画が求められるだろう。

おわりに

　大学の進路決定，卒業後の病院臨床との関わり，そして職域を経て教育現場への転進を思うにつけ，それが私の積極的な意思だったのだろうか？　と考えると，偶然性が作用していたように思われてならない。が，「突然現われた転機こそ，実は自然の流れのなかの必然であったのだ」との思いも深まっている現在である。
　「人生はそう悪いものではない，これからも……きっと……」これが私のモットーであるが，自分に期待される役割・業務に楽しく関わってこられたのは，好奇心の旺盛さ，新しい分野（世界）や人との出会いへの感動と興味を抱けたからだと思う。

第2節　長時間時間外労働者健診に参画した経験に基づいて産業・組織臨床における心理職の有用性を考える
　──長時間働いても病気にならない人のサバイバル・スキルとは？

足立智昭（島根大学）

　近年，仕事や職業生活に関して強い不安や悩み，ストレスを感じている労働者が5割を超える状況にあり，仕事による強いストレスが原因で精神障害を発病して労災認定される労働者は依然として増加傾向にある。そのため，労働者のメンタルヘルス不調を未然に防止することが喫緊の課題であるという背景の下，2014年6月にストレスチェック制度が創設され，2015年12月より実施となった。
　しかし，労働者のメンタルヘルスはもとより，心身の健康に関する労働衛生行政の施策は，2000年前後より次々と打ち出されていた（表2-1）。ストレスチェックに先立って，脳・心臓疾患などによる「過労死」に代表される健康障害を未然に防止するために，2002年2月に厚生労

表2-1　労働衛生行政の動向（社会的要請）

1996年	労働安全衛生法改正　健診結果の通知・事後措置の義務化
1999年	心理的負荷による精神障害等に係る業務上外の判断指針
2000年	大手広告代理店「過労自殺」最高裁判決
2000年	事業場における労働者のこころの健康づくりのための指針（メンタルヘルス指針）
2001年	脳・心臓疾患の認定基準の改正について
2001年	労働者の自殺予防マニュアル
2002年	過重労働による健康障害防止のための総合対策について（旧総合対策）
2002年	自殺防止対策有識者懇談会
2004年	心の健康問題により休業した労働者の職場復帰支援の手引き
2005年	事業所におけるストレス対策の手引き
2006年	労働者の心の健康の保持増進のための指針（新メンタルヘルス指針）

働省より「過重労働による健康障害防止のための総合対策について」（旧総合対策）が示され，さらに2006年3月には新総合対策が打ち出されて，長時間時間外労働者は産業医などによる面接指導などを受けられるようになった。それとともに臨床心理士も長時間時間外労働者の補助面談に産業保健スタッフとして参画する機会を得られるようになってきた。

　筆者が勤務していたX事業場は，旧総合対策に先駆けて，1998年より試行的に長時間時間外労働者健診に取り組んだ。健診プロセスのなかで筆者は，産業医面接後にメンタルヘルス面でのセルフケア向上とメンタルヘルス不調の早期発見・対処を目的とした面談を任された。

　すると，時間外労働が月45時間以上の労働者との個別面談を重ねるうちに，以下に述べるような当たり前の事実に気づいた。長時間労働の結果，健康障害へのリスクが高まり，早急の対応が必要な労働者がいる一方で，長時間働いていても心身ともに健康で，かつハイパフォーマンスを生み出している労働者もいるという事実である。そして，「後者の人たちは，どのような働き方をしているのだろうか」との疑問が生まれ，その個人のスキルやマインドセット，また個人をとりまくシステムが明示されれば，健康障害の1次予防の可能性が広がるのではないかと思料した。そこで，面談目的のひとつに『ハイパフォーマーのサバイバル・

スキルの抽出』を付加し，面談手順を半構造化した（足立，2008a）。

今回の報告では，約500人の長時間労働者と面談して得られた12のサバイバル・スキルと，「健診」の一環として実施した断続的な面談のメリットを述べる（足立，2008b）。新設のストレスチェック制度では，臨床心理士は「実施者」ではないものの，今後のストレスチェック制度やメンタルヘルス対策全般にかかる心理職の活用可能性ならびに有用性として，筆者の「経験」が汎用できることを期待したい。

1. 長時間時間外労働者面談の半構造化

A. 事業場概要

X事業場の概要とメンタルヘルスに関する取り組みを表2-2および表2-3に示す。筆者は常勤の心理職として，X事業場以外にもグループ事業場へ週2回出向き，メンタルヘルス相談を中心とした活動をしている。X事業場では，表2-3に挙げた対策のすべてに関与している。

表2-2 X事業場の概要

従業員規模	約1000名
事業内容	大手製造業（エネルギー・原動機関連など）の本社部門
健康管理スタッフ	常勤産業医1名。パート看護師2名。検査技師1名。嘱託精神科医1名（月2回）。臨床心理士（週3回）。

表2-3 メンタルヘルス対策

予防対策（1次）	早期発見・早期治療対策（2次）	再発防止・職場適応促進対策（3次）
a 長時間時間外労働者等に対する健康チェック b 海外長期派遣者メンタルヘルスチェック	a 相談室の利用促進 b 専門医・カウンセラーと産業医・保健師等との連携強化 c 社員の家族に対する啓発と相談につなげる仕組みづくり	a 出勤審査の確実・適正な実施 b 関係部門の連携強化 c 経過観察・フォローの強化
階層別メンタルヘルス研修・教育		

B. 面談システムの形骸化

　1998年より労働基準法第36条（36協定）を超える時間外労働者（管理者層を除く）に面談を実施していたが，実施当初は労働者からすると「見つかった・引っかかった・捕まった」感覚が強く，「多忙だから残業しているのに，また健診かよ」と，連続的な（無断も含め）面談予約キャンセルが少しずつ増加していった。事務部門と健康管理スタッフは，「健診」の意味や時間外労働時間数と「健診」との関係，および面談プロセスの再検討の必要性に迫られていた。

　また，厚生労働省から対策が出た2002年には，管理職層にも面談するようになり，年間面談延べ件数がこれまでの3倍となり100件超，その後は年間400件にまで至った。勢い，筆者自身が過重労働となり，面談は数をこなすことによるマンネリ化をきたしはじめ，「面談」ではなく「作業」になってはいないかと気になりだした。うつ状態の早期発見以外に，面談自体が労働者にとって役に立つものになるには，どのようにしていけばいいのかを模索するようになっていた。

　そのような折，ひとりの中間管理職（40代後半男性）との面談が転機となった。

> 　今，仕事をやらされているという感じがない。入社6〜7年目にメインの仕事ではなくて，傍流の小物の仕事が回ってきた。そのときはつまらなかったので，まあ，それが幸いしてか，何か面白いことをやってみよう，と周囲に提案して，いろいろなことに手を出してみた。皆は小物の仕事にはピリピリとチェックしようとしなかったので，逆に自由に好奇心だけでやれた。すると運もあったが，可能性を探る仕事が実工事につながり，その後メインの仕事になっていった。これは，ホント嬉しかったなぁ。自分で決めた仕事だから，それに社会的要請もあったし，やらなきゃいけないという意欲につながって，どんどん技術的に難しくなっていったが面白くもなっていった。

これは，断続的に長時間労働をしている管理職が，自身の仕事観を語った「語り」の一部である。産業医によれば彼の身体的健康に関しては何ら問題がないとのことであり，メンタルヘルスに関しても筆者の見立ては「問題なし」であった。この面談で，人の仕事に対する考え方が，仕事に対する取り組み方に関連し，取り組み方がその人の健康面へ影響を及ぼしていることが改めて実感できた。また，彼が面談の最後に筆者に話した言葉も印象的だった。

> 今日は期せずして，これまでの自分の仕事に対する姿勢を振り返ることができた。何だか自分がやれてきていることを再確認したようで，また力がわいてきた。仕事は人からやらされるものではないというのが自分の信条みたいですね。

彼の面談での「語り」から，面談をどのように構造化していけばよいかが，一気に開けていった。

C. 臨床心理士による長時間時間外労働者への面談手順

　初回の面談の場合は表2-4に示したように，健診の目的や面談の意図などを説明するStep1から始めて，事前に回答してある疲労度調査票のチェック項目を参考にしながら，M.I.N.I.(精神疾患簡易構造化面接法；Sheehan & Lecrubier, 1992)の大うつ病エピソードに準拠した質問をする(Step2)。さらに，Step3では，ソリューション・フォーカスト・アプローチでよく用いられるコーピング・クエスチョン(DeJong & Berg,

表2-4　長時間時間外労働者への半構造化面談の手順

Step1：ジョイニング	健診目的，面談意図，仕事内容
Step2：うつ状態のチェック	疲労度調査票の改良版(事前)，M.I.N.Iなど
Step3：サバイバル・クエスチョン	健康障害のトリガーをひかないために，被面談者のリソースや工夫の再発見とエンパワメント
Step4：予防的情報提供	睡眠・飲酒・ストレス解消法などのパンフレットなど
Step5：メンタルヘルスサービスPR	相談室で相談可能なことや相談時間などの説明

1998)を後述する長時間時間外労働者面談用にアレンジしたサバイバル・クエスチョンを通して，被面談者のリソースや健康障害に陥らない工夫を引き出す。そして，相談室の利用方法や健康関連などの情報提供をして終了となる。時間にして，45分程度である。2回以降は，Step 2 や Step 3 が中心となるので，20～30分に短縮される。しかし，状態像が思わしくなく変化が見られる場合はその限りでなく，早期対応に努める。

Step 3 のサバイバル・クエスチョンは，産業医による診察において健康障害の兆候がなく，うつ状態も除外される被面談者に対しては，メインの時間となり，筆者から以下のように質問する。

> 今までいろいろとお話を伺って○さんのお仕事の状況がよく分かりました。ありがとうございます。そして，お忙しくて高負荷な状況が続いているのにもかかわらず，心身ともに健康のようにお見受けします。事実，内科健診ではOKでしたよね。すると，○さんにこんなことを聞いてみたくなります。このような高負荷な状況のなかでうまくやれているのは，○さんが，仕事場やご家庭で，あるいはプライベートな時間に，どんなことを考えて，どんなことをやって，あるいは周りとの関係がどんなふうだから，サバイバルできているのかな〜と，私はいろいろと想像してしまうんですが……，○さん自身の過負荷な状況の切り抜け方のコツを教えてもらえませんか？

すると，おおかたの人の最初の反応は，「あんまり考えたことない」「気にしていない」「そういう性格（タイプ）だから」というものである。そこでしぶとく続ける。

> そうなんですよね。いきなり，「サバイバル」なんて言われてもピンと来ませんよね。今の状態が十分に満足している人であればあるほど，最初にいろいろと工夫したはずのサバイバル・スキルとかコツが，もうすでに身についてしまって，意識するようなことでは

なくなっているかもしれませんね。だから，今はピンと来ないかもしれませんが，こう考えてみてもらえませんか？　少し，頭を使いますけどいいですか？　今あるものから「何か」を取ってみてほしいのです。例えば，これが欠けると，この人のこれがないと，この人間関係が途切れたりギクシャクしたりする。このサポートが得られないと，この時間がもてないと，……といった風に，何かを失った場合にうまくいかなくなったり，ガタガタするような環境になるというような「何か」って，ありませんか？

このサバイバル・クエスチョンが呼び水となって，仕事の裁量度ややりがい，上司・同僚・部下との関係，顧客との関係，仕事以外のプライベートなことや生活習慣などの広範囲な話が聞けるようになる。

2. 長時間時間外労働者への半構造化面談から得られた結果

前節で述べた半構造化面談により得られた，2003年7月〜2004年12月の被面談者約500人の「語り」から，筆者と産業医の協働のもと，サバイバル・スキルとして12のカテゴリーをKJ法によって抽出した。表2-5に示したように大別すると，タイムマネジメントとして5つ，ワークスタイルとして5つ，それ以外に2つとなった。

表2-5　長時間時間外労働者のサバイバル・スキルと工夫のカテゴリー化

タイムマネジメント	ワークスタイル	その他
A．モードの切り替え	F．裁量権	K．生活のリズムと家族の理解
B．フレックスタイムでの調整や定時退社日の励行	G．職制の対応	L．それぞれの工夫
C．休日出勤はしない	H．一体感とチームワーク	
D．自宅に仕事を持ち帰らない	I．責任感・プロ意識とやりがい	
E．習慣的な運動や習い事	J．完璧を求めない	

第2章　心理職と組織の多面的な関わり　　33

以下，A.～K.の11のサバイバル・スキル(工夫)におけるハイパフォーマーな被面談者の言説を示しておく(「L. それぞれの工夫」は省略)。

A. モードの切り替え

* 「受け皿」の仕事はすべて片付ける。どうしても残ったら，フォローファイルに入れておく。心理的に残さない(27歳女性)。
* 会社を出たら，仕事のことは考えないようにする。帰宅中に「ああ，考えている，考えている」と仕事のことを考えていることに気づいたら，解決法が出てくるか少し別の角度で思いをめぐらしてみる。出てきそうになかったら，自分自身に「やめよう！」「明日会社に行ってから考えよう」と心で話し，本を読むようにする(38歳男性)。

A. コメント：最初は「自動的に切り替わる」「性格だから」「昔から」などと自身の行動を無意識的・習慣的なものとして捉えていたが，他の人の例を参考にかかげたら，意図的な行動が想起されだした。

B. フレックスタイムでの調整や定時退社日の励行

* 客先対応でどうしても遅くなるので，出勤を遅らせている。
* 遅くなった翌日にはフレックスで遅く出勤するようにして，睡眠時間を確保している。
* 生活のリズムを崩さないために，フレックスを多用しない。
* 週1は無理でも，2週に1回は事前に予定を入れておいて早く帰る。
* 周囲の人も帰るので，自分も定時退社日には帰るようにしている。

C. 休日出勤はしない

* 家族との関係をライフスタイルの基盤にしたいので，結果平日に残業をするようになるがメリハリをつける。
* 休日のビル入館の規定が厳しくなったので，休日出勤の考え方を変えた。以前は土日も仕事をする計算ではじめから業務を考えていた。
* 尊敬する先輩のポリシーを見習った。仕事の仕方は要領がよく，時間に対しての割り切りがはっきりしている。○時までやったら終える，

と。
* 長期的に続く仕事なので平均的に仕事がこなせるようにするためにも、休日にはしっかりと休む。
* 先月から部長方針で休日出勤をしないようになった。平日にちょっと頑張って集中してやっているが、部全体がやる気になっているように感じる。

B. C. コメント：会社や部内ルールを徹底する方向で浸透しており、モデリングが効いている。

D. 自宅に仕事を持ち帰らない

* できたことがない！！！ できるような仕事は会社でする。

D. コメント：けだし名言。

E. 習慣的な運動や習い事

* 生活習慣になるようにあらかじめ優先的にスケジュールを押えておく。
* 夜にプールに週1回行くようになってから頭痛がなくなった。ほか週3回のジョギング、テニス、野球、山登り月1回など多数。

F. 裁量権

* 今の仕事は自分でスケジュールが決められるので、日ごとの調整ができるのでメリハリがつけられる。
* 同時並行的に仕事を抱えた場合に、納期の期日を関係者や客先と交渉して現実的なスケジュールを立てる（36歳主任）。
* 自分で仕事を組み立てながらやっていく方が楽しい。

F. コメント：カラセック（Karasek）の仕事の自由度・要求度モデルに合致。

G. 職制の対応

* 課の規模がそれほど大きくないので職制の目が行き届く。オーバーフローしそうな場合は、課内の他の人が分担して対応するように課長が

調整している。そのような対応が可能なように仕事は複数がオーバーラップするように割り振られている (32 歳)。
* 常に山高 (注記：繁忙期のこと) なので，3 つのチームを編成して交代で休むように，課長が仕事の対応方法を変えた。チームごとの動静表をパソコン内に導入して，どこのチームがどのような状態なのかを全員がウォッチできる。自分のパソコンのハードにだけ電子データを残すのではなく，グループ内で仕事がフォローアップできるように共有サーバーにデータを必ず残すようにした (38 歳)。
* 先輩とペアを組んでやっているので，分からないことを抱え込む時間が短くてすむ (28 歳)。
* キャリアデザインとして，特定プラントの専門家になりたいと考えていたが，上司は「いろいろなプラントを幅広く見られるようにさせたい」との意向でまったく違うプラントに携わったが，上司の配慮で面白さが広がった (30 歳)。

H. 一体感とチームワーク

* 休日出勤もしたが，関係者である課長やアシスタントが全員きて「皆で仕上げるぞ！」という雰囲気のなかでやりきれた (30 歳)。
* チームで分担しての仕事なので，残業しても皆でやっているという一体感がある。ひとりだけでやらされているという感じはない (35 歳)。
* やらされているというわけではなく，トラブル対応をチームで分担してやっているので，ひとりだけで残業をするといっても一体感がある (34 歳)。

H. コメント：くたくたになるまで働かせる上司や同僚に「怒り」がある場合は，心身症発症のハイリスクファクターである。

I. 責任感・プロ意識とやりがい

* 自分が関わったプロジェクトがやっと完成して，ものづくりに関わっているという実感がある。つくりたい」「やりたい」仕事の一端に関われているやりがい (29 歳)。

* トラブルシューティングで残業が増えたが，5年の付き合いのあるお客さんなので信頼関係を損ねたくない，きちんと満足してもらえる製品を納めたいという一心だった。他事業場のバックアップもあって何とか乗り切れた(37歳)。
* 30代より現地所長をやってきたので，会社の看板を背負っているというプライドがある(51歳)。
* 今までは上の人から言われたことをやっているだけで，何をどうやっていいのか見えていなかった。今は何年か仕事をしてきたので，最終的なゴールがだいたい見えるようになってきて，それに向かって自分の考えを入れて客先と調整できるようになってきたので，「納得できることをやれている」という実感がある(31歳)。
* 希望してきた仕事であり，将来のためにもやっておきたい仕事なので知識量が増えて満足している。この事業は長期スパンの仕事なので人員計画が立てやすく個人のキャリア形成・育成を考えやすいし，それに基づいて仕事や役割を割り振られているのが実感できて認められているのが分かる(38歳)。
* 仕事が面白い。やればやっただけの結果が出る仕事である。ものが残る仕事であって自分の仕事の軌跡が残るという充実感が支えになる。客先対応や説明も質問されることでどんどん自分の経験が増えていき，対応できることが多くなるのが嬉しい。好奇心をもって仕事ができる(33歳)。

I. コメント：20代後半から50代までどの年齢層からも聞かれる発言である。

J. 完璧を求めない

* 100点を求めない。完璧さよりもまずはスピード。仕事の到達点を上司と相談して決めてしまう。時間をかければ80点を90点にすることができたとしても，到達点に達していれば，それ以上時間をかけない(35歳)。
* 精度をどこまで上げるか目標をはっきりさせる(40歳)。

K.　生活のリズムと家族の理解

＊睡眠リズムが一定した生活を送っている。
＊子どもが小さいので妻の負担を軽くしようと思い，遅い帰宅後の食事ではなく残業食をとるようにした。すると，胃がもたれないので寝つきがよくなり，睡眠時間を1時間ほど多く確保できるようになった（44歳）。
＊感情が顔に出やすいタイプなので，辛いときに妻に会社のことを話したら気が楽になった（36歳）。
＊社内結婚なので，会社の事情や仕組みに妻の理解がある（36歳）。

　以上のサバイバル・スキルは，情報提供として面接のなかで被面談者に伝えたり，定期的な社内報のコラム記事に掲載したり，リーフレットとして提供したりして活用していった。また，次節で述べるが，階層別教育研修の機会を通じて，セルフケアやラインケアのテーマとしてフィードバックしていった。

3.　健診としての長時間時間外労働者面談のメリット

　1998年〜2004年の7年間，長時間時間外労働者の健診に臨床心理士の筆者が健康管理スタッフとして関わってきたなかで，健診場面での経験が，相談室の密室空間を超えて多方向への展開と接続を可能にしていった。
　その一端を表2-6に健診のメリットとしてまとめたが，A. B. は健診の目的にも沿うものである。C. D. はこれまでの臨床経験から，間接的メリットして想定できるものであった。一方，E.〜G. は健診に参画してみて初めて認識したことであり，産業領域における法定活動としての職場のメンタルヘルス活動から得られた副産物といえる。

A.　継時的な面談により変化を把握しやすく早期対応ができる

　仕事におけるストレス要因は，今も昔も①仕事の量の多さ，②仕事の

表2-6 長時間時間外労働者面談による直接的・間接的メリット

A．継時的な面接により変化を把握しやすく早期対応ができる
B．健康管理部門（一般健診や診療部門）との連携が強化する
C．顔見知りになることで自身や家族，同僚のことなどが相談しやすくなる
D．健診によって得た情報を管理監督者研修に反映させることができる
E．以前に利用したユーザーの意図しないフォローアップが可能となる
F．うつ親和性の高い人へのアプローチが可能となる
G．各人が置かれた仕事状況を聞くことで部・課単位の状況や関係ならびに会社の全体的な動向が把握しやすくなる

質の難しさ，③人間関係である。人間関係によるストレスに対して，個人の対応調整では限界なこともある。特に若手や異動者にとって，職場の人間関係やサポート体制は切実な問題である。以下に，面談前の調査票の数値変動が著しかった事例を示す。

　変動例①：「転職したい」と言い続けていた20代半ば新人男性社員。ローテーション制度もあり，早まった決断をしないようにと心理士は伝えていた。ここ数カ月の残業時間は変わらないが，今回の調査票のチェック項目が61→4に激減していた。彼曰く，「部内でも仕事の細かさで有名な人がいたが，その人が出向した。提出書類のコメントが厳しく，その言い方も人を見下したような物言いで，常に見張られているような感じをもちながら仕事をしなければならなかったが，その心理的ストレスがなくなった。それまでは転職しかないと考えていたが，今落ち着いて考えると，仕事が面白くなってきたし，転職はリスクが高い」と現実検討力が戻ってきている。

　変動例②：別部署から異動してきた30代前半男性。異動当初は，残業時間が月60時間以上が続き，産業医が残業時間の軽減を職制に伝えていた。ところが今回は，残業時間もストレス項目も激減。面接場面で，その理由を「上司が代わって精神的に楽になった。事業場から代わって来たときに露骨に新人扱いされた。書類の細かいミスを何回も指摘され，仕事を先に進めにくくなっていた。当時は嫌がらせとしか思えなかった。その上司が異動して，新しい上司からはコツコツとやっていることを評価されているので，人間関係のストレスがない」と語った。

早期対応事例Ａ：30代半ば男性主任職。過去4回の健診での調査票のチェック項目の平均は5であったが，いきなり37となっていた。急遽産業医の健診日を早めて調整しなおし，心理士の面談となった。Ａさんは，長期の海外出張へ行かねばならなくなった先輩の仕事を中途から引き継いだが，日程的に不十分であった。不安を残したまま，客先と話を進めていったが，客先は交渉においてタフで高圧的だった。連日何時間も電話やメールでの対応を余儀なくされる。金曜日には「では月曜の朝イチまでに詰めておいてくれ」。月曜の朝の電話では，「夕方にはできているよね」といった追いこまれ方である。Ａさんとしては，中堅の先輩が出張に行かねばならないほどグループ内では陣容的に手薄になっており，「わけが分かんないけど自分がやるしかない」という気概だけで仕事を進めていた。しかし，Ａさんとのやりとりからは，食欲不振，頭重感，過緊張，抑うつ気分，めまい，切迫感，恐怖などの症状が確認できた。

　至急の対応として，産業医が診察後，嘱託精神科医に連絡を取り，抗不安薬などの処方がなされた。さらに，Ａさん了解のもと課長にも相談室に来てもらい，現在のＡさんの心身の状況を産業医が説明した。そして，引き継いだ仕事の進め方をめぐって，Ａさん・課長・心理士の3者で相談した。

　課長の話によれば，「客先の担当者には苦労をした者も多く，今回当方の関係部署との受け取り方の齟齬を突かれているので，部署間の方針の統一を図らなければならない」と考えていたとのことであった。また，客先担当者の執拗な電話攻勢には，受付電話からつなぎを直に課長へ回すように，課内でシフトを敷くという案が出た。

　結果，Ａさんの症状は2週間で軽減し，客先対応も課長のアドバイスもあって，「対応しかねます」「別途回答いたします」などの新しいパターンを獲得した。この件以来，Ａさんの課長への信頼感は絶大なものとなった。そして，半年後には無事受注引渡しを完了した。

B. 健康管理部門（一般健診や診療部門）との連携が強化する

早期対応事例 B：50 歳代前半男性。数年前の配置転換後も順調で，仕事も首尾よくこなしている。痛風発作により定期的に診療部門で内科治療を受けていた。最近は，特別に環境的変化はなく，人間関係もうまくいっているが，「よく寝てもだるさがとれない」と産業医に話していた。産業医は採血などの検査をするが問題ないので，相談室に面談をオファーし，筆者がBさんと面談した。明確な精神症状はないが，話し方に「覇気がない」と感じ，職制に確認をとると「以前より元気がない。声が小さくなった」などの情報を得る。仮面うつの可能性を検討するために，嘱託精神科医の診察を勧めた。その後，Bさんは抗うつ剤を服用するようになって，1カ月後の産業医の診察では，開口一番「あのだるさがすっかりとれて嘘のようです」と語っていたとのことであった。

健診業務に関わるようになってからは，それまで以上に健康管理部門内でのスタッフ間コミュニケーション量は増加し，互いの業務特性への理解が進んだ。病院臨床では経験済みであったことを再認識した。

C. 顔見知りになることで自身や家族，同僚のことなどが相談しやすくなる

2002年の総合対策以降，長時間時間外労働者面接の件数が増加したことはすでに述べたが，相談室でのメンタルヘルス相談の件数も，25％前後の増加率を示した。しかも，相談者の相談経路を①自発的来談，②職制依頼による来談，③各種健診および内科依頼による来談の3つで見ると，自発的来談の増加が著しい。ちなみに，筆者が関わっていた同列の企業グループで，筆者が長時間時間外労働者面接をしていない2つの事業場と比較すると，全体の面接のうち概ね①自発的来談は45％，ほかでは30％前後，②職制依頼は25％，ほかでは40〜50％，③内科依頼は3事業場とも30％前後となった（足立，2008a）。

この結果は，臨床心理士の筆者との接触回数の増加で，「あの相談の人ね」との顔見知り感がわき，相談への抵抗感が低下したためと考えら

れる。相談内容も多岐にわたり，妻の不安への接し方，離婚問題，子どもの不登校といった家族のことや，同僚との距離のとり方，キャリアのこと，ハラスメントなどの自身の悩みが語られた。また，自発的来談の増加は早期対応を促進する。

早期対応事例C：30代半ば男性技術専門職10年目。来談経過は，部署の大幅異動でグループの人員が減少し，引き継ぎ業務で作業量が一気に増えた。それも社会的ウォッチのある業務のトラブル処理対応にあたらねばならず，自分には荷が重いと感じていた。1カ月ほど無我夢中で頑張ったが，2週間前より不眠，イライラ感，集中力の低下，倦怠感などが出現している。

起床時，「ああ会社を辞めたい」「このまま行ったら……」といった否定的思考が優勢となるも，「外の医療機関は敷居が高いな，そうだ，Y君も相談室を利用していたな。相談担当者は，ああ，あの健診の人か」と，メンタルヘルス相談室を思い出したとのことであった。早速産業医に診察してもらい，睡眠導入剤が処方された。そして3日後に嘱託専門医の予約をとってつないだ。また，上司へはCさん自身がメンタルヘルス相談室の判断を伝えたことで，出張の代行などのトラブル対応への助力が得られた。3週間連続的にフォローしたところ症状は改善し，その数カ月後の様子も安定している。

D. 健診によって得た情報を管理監督者研修に反映させられる

半構造化面談によって抽出された個人のサバイバル・スキル（工夫）やマインドセットはポジティブ・メンタルヘルスの文脈でフィードバックしていくことが一般的であるが，上述したように，長時間時間外労働者の面談を通して，あるいはそのことが契機となって相談室を利用した方々からの面談によって，以下のようなさまざまなメンタルヘルス不調へのハイリスク環境が明らかになってきた。

(1) サブ担当からメイン担当への移行時
(2) 仕事の難易度が段階的ではなく，急に上昇したとき

(3) トラブルシューティングを孤立した状態でやらねばならないとき
(4) 不得意な領域での対応を迫られたとき
(5) 上層部の方針転換により業務手法や方向性を急に変更せねばならないとき
(6) 職制改正時に領域不分明な仕事が多く残されたとき
(7) 後ろ向きの仕事（赤字工事？）の後処理に忙殺されるとき
(8) 入社後，ローテーション後，配転後など，職場の雰囲気やルールにまだ慣れておらず，業務遂行スキルが十分でないとき
(9) 直属の上司との折り合いが悪くコミュニケーションを十分に図れないとき
(10) 上司が悩みを抱えていて，その結果パワーハラスメントになってしまうとき

　これらの事象は管理職のリスクマネジメントとして，メンタルヘス領域で再三いわれてきたことと重なる部分が大である。管理監督者研修のなかで，未然防止のために「コミュニケーションの活性化が大事」などのお題目レベルの話にとどめず，「実際に現場で起こっている」事象として紹介することで，自身のチームの状況に引きつけやすく，自分事として対応・解決までを熱心に話し合う事例検討が研修で可能になった。

E. 以前に利用したユーザーの意図しないフォローアップが可能となる

　企業内相談室は，職場コミュニティーのなかで，健康管理部門のさまざまなネットワークとつながっているため，以前のユーザーの状況が意図しない形でフォローアップできる場合も多々ある。以前うつ状態に陥り，相談室で2年ほど関わった40代半ばの中間管理職男性が健診にやってきた。

　　うつが治っていったプロセスを一度経験しているので，やばいなと思ったら，あのときにどうやって乗り切ったかを思い出すように

している……。どんなヘマしたって殺されるわけじゃないし，最後はなるようにしかならない……。仕事で悩んでも，家では忘れよう。土日は楽しもう。悩みは消えるわけではないが，どこまで思いつめるかといった，結局自分の受けとめ方の問題だ……。今は受けとめ方が変わって，悩んでも仕方ない，仕事のことは月曜日に考えよう，と。悩みにこだわって引きずっていたら生活が楽しめなくなる。

と，ゆっくりでしっかりした物言いに感激させられた。

F. うつ親和性の高い人へのアプローチが可能となる

前述した仕事のストレス要因である仕事量の増大・仕事の質の高度化が求められた場合に，個人の反応や対応はさまざまであろうが，うつ親和性の高い人は，以下のような発想をする人が多い。

今までのやり方ではこなしきれないので，「効率的にやればよい」と考える。これまでも，100％に近いコミットメントで仕事をこなしている人で，決して手を抜いているわけではないのに，さらに「効率性」を上げれば今まで以上の仕事をこなせると考えてしまう。しかし，どのように効率よくやるかについては具体的な案がなく，スローガンで自分を鼓舞して切り抜けようとしているように見える。

また，他の人がこなせる量がこなせないのは，自分の能力（知識・技術）が不足しているせいなので，「自己研鑽して能力を高めることでこなせる」と考える。その人の仕事にかけている時間は膨大であり，とてもその合間に自己研鑽をするような時間的余裕がないことは明白でありながら，これまたスローガンで乗り切ろうとする。

このような言説が多発するようなら，このスローガン中心の自力モードを，活用していない自身のリソースも含めた周囲のリソースを求める他力モードにつながる会話を展開させるように筆者は試みる。

G. 各人がおかれた仕事状況を聞くことで部・課単位の状況や関係ならびに会社の全体的な動向が把握しやすくなる

　面接室中心のメンタルヘルス相談をしていると，往々にして個人臨床発想が優勢になり，個人内界へのアプローチを主体に面接を組み立ててしまうかもしれない。しかし，産業臨床において組織の視点をもつことは必須である。

　また，組織には職制というリソースの宝庫があり，職制の協力なしには職場のストレス要因を軽減したり，改善したりすることができないことも多く，個人のサポートには直接・間接に職制が関わっている。

　さらに，企業内で働く心理士にとって，所属する部門のミッションを見失わないことと同時に，自身の所属する企業体がどのようなシステムを形成しており，刻々と変化する環境に，そのシステムがどのような対応をしているかを認識することは常に留意したい。

　健診に関わるようになって，早急にメンタルヘルスケアを必要としない多くの企業人から，サバイバル・クエスチョンをきっかけに，その人々がおかれている現状をつぶさに聞く機会を大量に与えてもらった。すると，今までメンタルヘルス相談のなかでクライエントが語ってきた背景状況が，点から線へ，線から面へと次々につながっていき，会社組織の全体像が以前より理解できるようになってきた。これは，会社組織での労働経験が少なかった筆者にとって，「会社を知る」またとない好機となった。

おわりに

　2002年の旧総合対策から始まった過重労働対策は，2006年の新総合対策をより推進する目的で，2011年には同総合対策の一部改正が厚労省から通達された。対策はいっそう精緻化しており，長時間時間外労働の実効ある抑制を期待したい。そして，健康障害が減少することを願っている。この流れのなか，筆者自身の「やらされ感」による疲弊状態を

なんとかサバイバルするために，発想の転換を図り，長時間時間外残業の労働者面談を再構成する経緯を述べてきた。サバイバル・クエスチョンは，労働者のサバイバルを聴き取るなかで，彼ら自身のセルフ・エンパワメントになったことは確かであるが，それ以上に筆者自身のエンパワメントになっていたことを実感している。

【文　献】

足立智昭 (2008a). 長時間働いても病気にならない人のサバイバル・スキルとは？——産業カウンセラーによる長時間時間外労働者面接へのブリーフセラピー的アプローチ. 産業カウンセリング第38回全国研究大会 (岡山) 要録, 68-69.

足立智昭 (2008b). 長時間時間外労働者面接から抽出したハイパフォーマーのサバイバルスキル. 第52回中国四国合同産業衛生学会 (島根) プログラム・抄録集, 20.

DeJong, P. & Berg, I. K. (1998). *Interviewing for solutions*. California: Brooks/Cole Publishing. 玉真慎子・住吉祐子 (監訳) (1998). 解決のための面接技法——ソリューション・フォーカスト・アプローチの手引き. 金剛出版.

Sheehan, D. V. & Lecrubier, Y. (1992). *Mini-International Neuropsychiatric Interview*. 大坪天平・宮岡等・上島国利 (訳) (2000). M.I.N.I.——精神疾患簡易構造化面接法. 星和書店.

第3節　外部機関としての関わり
——役割と責任を意識したコンサルテーション

松浦真澄 (東京理科大学)

筆者はこれまで，都心にある労働衛生機関におけるメンタルヘルス部門に所属し，契約先企業のメンタルヘルス対策支援に従事してきた。そ

の経験を振り返りながら，組織に関わるときの理念や方針，そしてそのための具体策について概説する。

　以降の内容について具体的なイメージをもっていただくために，まずは筆者の立脚するポジションについて概要を共有しておきたい。筆者が関与するこの部門は，臨床心理士で構成されており，産業医や産業看護職と協働できる組織体制でいわゆる「外部EAP（Employee Assistance Program：従業員支援プログラム）」サービスを提供している。一般的なEAPプロバイダではなく，労働安全衛生法に基づく健康診断などを実施する労働衛生機関の1部門である点が特色のひとつである。

　筆者が産業領域に活動の場を移す以前のキャリアも，現在の「組織との関わり」に大きく影響していると思われる。筆者は来談者中心療法および行動療法・認知行動療法を中心に，クライエントに共感しながらも現実的な問題の変化を志向する姿勢を学んだあと，私設心理臨床の相談機関に就職した。そこでの業務は，疾病・症状への「医療処置」ではなく，クライエントのニーズ（何で／どのように困っているか？　どのような解決・目標を希望しているか？　など）への対応であったといえる。さらに，その相談機関は，家族関係やアディクションに関する相談を専門としていたため，「問題」を有している本人だけでなく，家族からの相談に対応する機会が非常に多く，システム論や家族療法的観点のほか，社会構成主義やブリーフサイコセラピーなどの，ものの見方や関わり方を取り入れることとなった。

1. 組織と関わる際の理念・方針

　さて，上記の背景をもつ筆者が産業心理臨床の現場で理念としているもののうち，以下の3点について述べる。

A. クライエントのお役に立つ

　この場合のクライエントとは，来談した社員個人とは限らない。管理職や人事労務の担当者や，個人ではなく企業など組織でもありうる。

来談者が社員個人の場合は，一般的なカウンセリングの場面と大きな相違はない場合も多い。管理職や人事労務の担当者の場合は，彼らが部下や社員のことで専門的な支援を求めている。例えば，教育領域において児童生徒のことで来談する教員との相談に近いかもしれない。このように，前2者については比較的理解しやすいと思われるが，組織がクライエントというのは，イメージしにくいことが多いようである。しかし，そもそも外部EAPサービスは，何かしらの課題や問題を企業が認識しており，その達成や解決のために外部の専門機関と契約を結ぶことで成立している。その現実を考えれば，企業や組織がクライエントであることは根本的な前提ともいえる。

　そして，「お役に立つ」ためには，原則として「ニーズに応える」ということになるが，当然「望まれたことは何でも」できるわけではない。結果としてニーズが満たされるような解決策や対応を，外部機関の臨床心理士として最大限提供する，こととなる。

　この「ニーズ」とは，クライエントが自覚しているもの（例えば，人事担当者の「職場復帰支援体制の構築」や，社員個人の「気分の落ち込みや業務への不安による悩み」など）だけでなく，本人が自覚していなくても，法令や組織の状況などから，本人が負うべき役割や責任または組織が行うべき施策なども含みうる。そのようなニーズについても，クライエントが適切に実行していけるよう，コンサルテーションやカウンセリングを進めている。

B.　組織の産業保健活動と調和する

　臨床心理士として企業のメンタルヘルス対策に関わる場合には，自ずとその企業の産業保健活動に関与することになる。そのため，その企業ですでに展開されている産業保健体制や，関連する規則などについて理解し，うまく調和するあり方を意識するべきである。クライエントのニーズに対応できるサービスを提供する場合でも，そもそも企業にあるべき制度や規則との整合性を意識する必要がある。また，社員個人の支援をしている場面においても，その社員のニーズに応じると同時に，その社

員が所属している企業のニーズ（産業保健活動の支援）にも応じていることを自覚するべきである。産業領域での活動を始めたばかりの頃の筆者は，「社員個人の支援」という観点に偏った認識で活動をしていたように思う。そして，企業の経営層や人事担当者も，当時の筆者と同じような観点で決断・実行するだろうと思い込んでいた。メンタルヘルス対策は企業活動の一部であり，産業保健活動の一側面であるという認識をもてていなかったのである。

　関連することとして，「組織を尊重する」「担当者・個人を尊重する」という姿勢も重視している。どの組織にも，業界ごと，企業ごとに文化や特有の慣習がある。社員に求められている働き方や，人事に関する制度や方針，職場の雰囲気，メンタルヘルスに対する認識などもさまざまである。場合によっては，組織レベルでは，産業保健に関する制度の未整備や，対策の不徹底があるかもしれないし，個人レベルではメンタルヘルスに関する誤解や（「専門家」からは）偏見ともとれるような不適切な言動もあるかもしれない。ただし，それらについて批評・批判するのではなく，必要に応じて現状に関する「不適切である可能性や生じうる問題」について指摘し，必要かつ妥当な対策を提案したり，望ましい情報を提供することが，外部 EAP としての役立ち方であろう。

　そのためには，企業としての活動や運営，各事業場および各部署の業務，個人の活動，さまざまなレベルで，組織か個人かにかかわらず，それぞれのあり方を尊重する姿勢が大切である。筆者は，社内外のさまざまな事情があるなかで，それぞれが（それぞれに可能な範囲で）最善を尽くしているとする観点をもつようにしている。そして，ほとんどのクライエントはメンタルヘルスに関して素人であることや，企業はそれぞれの理念に応じて活動しており，「ビジネス」の文脈で活動していることも忘れてはならない（この 2 つ目の理念・方針については，「ジョイニング」の概念を用いることで，より簡潔に説明できるかもしれない）。

C. 役割・責任の所在を意識して関わる，連携・協働する

　それでは，どのように関与するのか。

職場のメンタルヘルス対策においては、「やるべきことを、やるべき人が実行する」ことが重要であると考えている。産業保健活動では、産業医や人事担当者、管理監督者、社員、（家族）など、さまざまに責務を担う関係者のネットワークが存在する。このとき、産業医が産業保健のプロフェッショナルであるように、人事担当者は人事労務の、管理監督者はそれぞれの部署の、社員は自分自身の活動に関するプロフェッショナルであると、筆者は考えている。そのため、それぞれの人物がしかるべき責務を全うできるような体制にあることを重要視している。しかし、何かしらの事情によって、それぞれの責務が十分に果たされない場合や、本来の範疇を超えた責務を担うこととなる場合には、そこに支障が生じる可能性がある。休職中の社員に関して、産業医面談などの手続きを踏まえず、主治医の診断書のみを理由に、職場の管理監督者が「復職可」と判断するのはその一例であろう。

　外部EAPサービスにおける関係者の役割や責任の所在については、概ね以下のように整理できると思われる。外部EAPにおいて、臨床心理士は自身が雇用されているEAP機関に所属し、その機関の活動を通して企業と関わっている。このとき、労働法などの法的な責務は企業が負い、その支援に関して契約上の責務はEAP機関が負い、EAP機関の社員および専門職としての倫理・責任は臨床心理士個人が負う。同様に、労働者は自己保健義務や労務提供義務・職務専念義務などを負う。一方、例えば休職中の社員に関していえば、治療は主治医と本人が主体的に行うものであり、職場復帰の判断は産業医の意見などをもとに企業が行うものである。

　産業保健活動においてこのようなネットワークが想定される一方で、臨床心理士は労働安全衛生法などによる法的な役割規程がない。つまり、「やるべきことを、やるべき人が実行する」際、臨床心理士は「"法律上は"いなくてもよい存在」なのである。この点は、産業医との明確な違いのひとつである。さらに、企業法務の専門家でもなく、当然ながら労働基準監督官のような役割を担っているわけでもない。ましてや、外部機関の臨床心理士には、人事労務的な方針や、事例化した社員への処遇など

の社内的な判断について，または労働者個人のキャリア上の選択について，決定権や責任を負うことができない。

　それならば，臨床心理士が産業領域の現場で実践できる関わりや貢献の形はどのようなものなのか。筆者は，そのひとつとして「産業保健活動の円滑化」があると考えている。ネットワーク上の関係者と臨床心理士が適宜連携すること，さらには関係者間の連携を調整することなど，「どこに・どのように関わるのが効果的か」を考えながら活動するのである。

2. 組織との関わり方

　ここでは，上記のような理念をもちながら，筆者なりにどのようにして活動しているか，以下の3点に絞って述べる。

A. 外部機関としてのコンサルテーション

　外部 EAP として関わるとき，クライエントと同じ社会的立場に立って，同じ責任を負うことは，事実上不可能である。その事実を十分に意識して，クライエントに提案・質問をしながら対話を進めていく。クライエントのおかれている立場や役割・責任の内容や重さに配慮し，苦労や工夫を労いながら関わっている。それらを通じて，クライエントが行うべきことを，より適切に遂行できるような支援となるよう心がけている。そのため，前述の「役割・責任の所在」を特に意識し，質問や提案をする際の言葉遣いについても注意を払っている。

　典型的な例として，休職者における職場復帰判定の場面を挙げたい。職場復帰の判断を行う際，その責任は企業が負うものであるため，外部機関に所属する臨床心理士が「復帰させるべき/べきでない」という物言いをすることは，責任や役割の境界線を踏み越えた行動となる。この場面では，「この社員が現状で復帰した場合には，○○などのリスクが想定されます」「△△の点について産業医の先生にご意見をいただく方が安全だと思いますが，いかがでしょうか？」など，想定される健康・業務・

法律などのリスクを伝えたり，望ましいと思われる手続きを提案するなどして，担当者がより多面的に検討し，適切な手順を踏まえたうえで決定し実行できるように関わることが有効であると思われる．

B. 「可能な限りの最善のゴール（落としどころ）」をめざす

職場や個人それぞれの事情もしくは意向により，常にクライエントのニーズが100％満たされるとは限らない．例えば，休職中の社員が職場復帰を強く望んでいたとしても，職場の規則などとの兼ね合いで，復帰が認められないことがある．逆に，会社や人事が「一日も早く復帰して業務を進めてもらいたい」と望んでいる場合でも，主治医や産業医の見解に反する決定を下す場合には，当該社員への安全配慮などの面でリスクを伴うことになる．このように，さまざまな制約やリスク，関係者それぞれの意向が絡み合うことも多いため，各関係者の現状認識，目標とする解決像，決定プロセスに関わる責任や権限などを可能な限り明確にしながら，最も現実的で全体の意向が最大限満たされるような着地点を探っていただけるような関わりを心がけている．

C. 事例性を重視する

人事担当者や管理監督者とのコンサルテーション場面では，「この社員の不調は，メンタルなんでしょうか？　フィジカルなんでしょうか？」という質問を受けることがある．身体的な疾患であれば，なじみもあるためか「ある程度負荷をかけても問題はない」「管理・指導も従来どおり行う」という感覚になりやすく，精神的な疾患は「よく分からないもの」であり，それならば「無理をさせない」「（やむを得ず）許容したい」という，心情的な判断がなされていることが多いようである．しかし，そのような判断が論理的でなく，産業保健や安全配慮の面で合目的的でないのは明らかである．

産業領域における事例性は，「就業規則を守れない」「（原因が何であれ）本来求められている労務を提供できていない」「社内外に問題が生じる（取引先とのトラブルなど）」「通常の勤務を継続することで疾患や問題

が悪化する恐れがある」など，疾病の有無や診断内容にかかわらず，「問題が起きているか？　起きる可能性があるか？」という観点で判断される。つまり，症状や体調のみで一律に判断されるものではなく，就業規則，企業が求めている業務遂行レベル，本人の業務内容や役割，勤務体制，社内外の支援体制などを総合的に検討することが必要となる。休職・復職の判断などは，その最たるもののひとつであろう。企業にとっては，むしろそれが通例の判断基準であろうし，人事担当者らには，この判断基準の重要性を改めて説明し提案している。

　このように，事例性の判断は外的な基準に照らし合わせるのではなく，職場の状況や本人の状態などを総合的に勘案する必要がある。そのため，職場や業務内容について外部EAP機関も熟知しておくことで，より的確な支援が可能となりやすい。

　また「病名は何でしょうか？」という質問も多く，当該社員の言動を理解・説明できる材料を求めている場合も多い。このような場合には，医師でない自分は診断できないことを改めて伝えつつ，コンサルテーションの場面で得られた情報から診断名ではなく「状態像」を仮説立てしながら，「どのように対応していくか？」の検討を進めていくようにしている。

おわりに

　以上，本章のテーマにそって，筆者なりの考えを概説した。産業領域に特有の要素もあれば，他領域での活動とも共通する一般的な要素もあったのではないか。紙面の都合上，今回は根本的な内容に終始したが，この「専門家としての姿勢や立ち居振る舞い」こそが最も重要であると考えている。

　外部機関の臨床心理士として組織と関わる際には，時として，企業／個人が行うべき「唯一の正しい判断」を私たちが知っているかのような，あるいは人事担当者／管理監督者や産業医，または主治医や社員個人が，その役割・責任において行うべきことを私たちが「代行できる」かのよ

うな，思い込みをもってしまいかねない構造がつくられやすいのではないだろうか。だからこそ，私たちは「役割・責任を意識したコンサルテーション」を常に心がけたい。

第4節　組織の健康を支える
　　　　メンタルヘルス対策教育・研修の進め方

森口修三（三菱電機株式会社鎌倉製作所）

　近年，円安などを背景に業績を急回復させている企業も多く見られる。しかしながら，働く現場での負荷が和らいできたかというと，決してそのような空気は感じられない。心の健康を損なう人は一向に少なくならず，この先もなお増え続けていくのではないかと危惧している。

　そうしたなか，働く人の心の健康に向き合う心理職に対する社会の期待は一段と高まりつつある。それは悩みを抱える個人に向き合うという従来型の援助のみならず，心の健康に関する「教育・研修」を含んだあらゆるレベルの「予防」へと大きく広がりつつある。

　ここではその教育・研修の進め方について，臨床心理士をはじめとする心理職の人が，企業，官公庁，病院，学校などの組織からその構成員に対する「メンタルヘルス対策研修」の講師を依頼された場合を例に，なるべく具体的に話していきたい。なお，以下の「1．A．」および「1．B．」は，種市（2015）および著者の研修会の内容から許可を得たうえでの引用を含んでいる。

1.　メンタルヘルス対策研修の講師を依頼されたなら

A．キーパーソンを把握する

　メンタルヘルス対策研修講師の依頼元は，企業，官公庁，病院，学校，その他の団体などが考えられる。企業，官公庁，病院などの場合，名目

上の依頼人はその組織の代表者であったとしても，実際その必要性を感じて依頼したのは，人事・労務・総務関係の方が多いと思われる（以降は，民間企業を例に述べる）。

「人事・労務・総務」という部署の業務は，その企業における製造や営業といった直接的に業績に関わる業務ではなく，働く人々の労務管理や福利厚生，雇用採用といったその組織のいわゆる間接部門を司っている。この部署の方々が組織の困っている点を把握しているキーパーソンであり，その後のやりとりの相手となっていくのである。

ここで注意しておきたいのが，これらの方々は職業柄，人を見る目をもっているということである。では，人事・労務の人に，われわれのどのような面が見られているのであろう。

もちろん「働く人の心の健康」に関する知識や経験なども見られている。しかし，見られている側面として注意しなければならない点は，「社会性」「応答の合理性」「現実的理解力」などにあると感じる。電話での話し方や名刺の受け渡し方，適切な身なり，質問に対して適切な回答が返ってくるかなど，心理臨床家として鍛えられた部分とは異なる側面が感じ取られてしまう可能性が大きい。注意したい点である。

B. その組織の困りごとを把握する

最初の協議で，担当者とその組織が困っている点，なぜメンタルヘルス対策の研修を行おうとするに至ったかなど，なるべく明確に把握しておきたい。

そのためにはまず，その会社に行く前に，その会社やその事業場（○○支社，○○工場など）の情報を取っておいた方がよい。その企業が何をしているところなのか，何を目的にいつ設立されたのか，企業理念や社是はどのようなものか，社長など組織のトップの社会貢献や従業員に対する思いはどのようなものか，などである。

それらを知ったうえで実際の担当者と会ってお話を伺うと，その会社なりその事業場なりの詳細な内容をイメージできる。そのうえで，その組織の具体的な困りごとを伺っていく。

困りごとはその組織ごとに多彩である。「厚生労働省がメンタルヘルス対策の必要性を謳うが，現実的にどうやっていいか分からない」「うつ病などのメンタル疾患になる人が増えている。なんとか食い止めたい」「産業保健スタッフがいない，あるいは少数しかいないので，研修などする力がない」「メンタル疾患者が増え，現場や労働組合から『何か対策をしろ』と言われる」など。

このようにキーパーソンから聞かされるその組織の困りごとは，トップの思い通りにはいかない現実のさまざまな歪みや葛藤から生じているものである。そこから，働く人々のやりきれない思いの一面が垣間見えるかもしれない。そして研修を行う心理士には，そのキーパーソンの困り具合や葛藤を何より感じとってほしいのである。それが，この組織を長く，本当の意味で支えていくきっかけとなるかもしれないからである。

C. 労働者の心の健康の保持増進のための指針

厚生労働省は2006年3月に「労働者の心の健康保持増進のための指針」（略称：メンタルヘルス指針）を定め，職場におけるメンタルヘルス対策を推進している。この指針は労働安全衛生法の規定に基づいて，「事業場において事業者が講ずるように努めるべき労働者の心の健康の保持増進のための措置」とされている。要するに「罰則はないけれどやっておいてくださいね」という規定である。

これはしかし罰則はないとはいえ，労働に起因する精神障害が発症して，それが訴訟となったりした場合に，その事業場が適切な予防措置をしていたかどうかが焦点になる場合も多く，この指針にそった取り組みは企業や組織にとってとても重要なものでもある。

この「メンタルヘルス指針」を実施するにあたって，各事業場において「4つのケア」が継続的・計画的に行われるよう，関係者に対する研修を行うことと示されている。4つのケアとは「セルフケア」「ラインによるケア」「事業場内産業保健スタッフなどによるケア」「事業場外資源によるケア」のことをいう。このうち「事業場外資源によるケア」とは，地域の医療機関や保健所，産業保健総合支援センターなどとのネットワー

クづくりなどを指している。その他のケアについては後述する。

なお，メンタルヘルス指針の詳しい内容については，厚生労働省のHPを参照されたい。

2. 研修内容の落とし込み

メンタルヘルス対策研修の講師を引き受けることが決まったら，実際に行う研修内容の落とし込みに入る。ここでは「誰に対して行うのか」「どれぐらいの時間をもらえるのか」「何を行うのか」「いつどこで行うのか」などを決めていくことになる。

A. 誰に対して行うのか

メンタルヘルス対策研修の内容を考えるうえで，「誰に対して行うのか」というテーマは重要な意味をもつ。

a. セルフケア研修

一般社員，従業員を対象に行うのが「セルフケア研修」といわれる研修で，自分の健康は自分で守ろうという考え方に基づいている。紙面の関係で内容の詳述は行えないが，最も重要な点はストレスへの気づきと適切な対処というところにある。

心理と何ら関係のない一般の方は，かなり重大な体の症状が現われていても，それがストレスに起因するものとはまったく思い至らないことも多い。この研修は「自分が抱えているストレスに気づいていきましょう」「ストレス発散や対処の方法を学びましょう」というところが中心となる。

b. ラインによるケア研修

管理監督者を対象に行うのが「ラインによるケア研修」といわれる研修で，企業でいえば管理職（部長，課長など）の方に対して行うものである。

内容のポイントは「いつもと違う部下の様子に早く気づき，適切な対処をしましょう」というところで，この研修に傾聴トレーニングを含めることも多い。講義だけではなく，グループ討議などのその場で感じ，考え，行動する場を設けることでより印象に残る研修になっていく。

この「セルフケア」「ラインによるケア」の詳しい内容に関しては，厚生労働省の「こころの耳」というHPをご参照されたい。

B. どれくらいの時間をもらえるのか，何を行うのか

これは組織によって大いに事情が異なってくる。受講者のほとんどは人事・労務担当者から召集をかけられ，勤務時間中に職場を離れて参加することになるため，集中度の高い職種や工場ラインを長時間止められない職場などは多くの時間を割けないのである。

筆者の場合，セルフケア研修で3時間ほど，ラインによるケアで4～4.5時間ほどかけることを提案するが，もちろん先方の都合で，例えば「セルフケア研修を1時間でお願いしたい」「ラインによるケア研修を2時間ほどでお願いしたい」と依頼されることもある。その際は要望に合わせ，内容を削ぎ落としていくことになる。

研修時間が2時間を超える場合，「講義」だけでは聞いている方が疲れてしまい内容が頭に入らなくなってしまう。そのため，適宜受講者参加型のワークを取り入れることが望ましい。セルフケア研修での「アサーション・トレーニング」のグループワーク，ラインによるケア研修での「傾聴トレーニング」や「事例検討」といったワークやグループ討議などである。自分から発信する時間を取り入れることで，受講者の印象がかなり違ってくるのである。

C. いつどこで行うのか

「いつ」というところでは，先方とこちらの都合を見て落とし込んでいくことになるが，講師側としてはやはり資料づくりなどに余裕をもてるようにしておきたい。

会場は，会社の会議室や集会室などの場合が多い。できれば事前に会

場を見てその会場の設備を点検し，別途用意してもらう必要のあるものなどを確認しておく必要がある。また収容人数も確認しておきたい。ワークが入る場合は机を動かしてもらうことも多いので，ぎりぎりの人数を収容してしまうと身動きが取れなくなってしまう。会場に合わせて，参加者は何名くらいが適切かを事前に打ち合わせておくとよいだろう。

3. 筆者の現場での実践から

　筆者は企業内カウンセラーとして，企業からそこに勤める従業員の健康管理・カウンセリングに関する業務を委託されている。実際には，従業員からの相談を受けるカウンセリング業務と社員に対する各種メンタルヘルス研修の講師業務が大きな比重をもつ。

　ここで筆者が実際どのような研修をどのように行っているのか，ここに書き留めておきたい。

　筆者が所属する会社で行っている各種メンタルヘルス研修をレベル別に紹介すると，「新入社員（高卒・専門学校卒）」「新入社員（大学・大学院卒）」「新任班長（工場内リーダー）」「新任チームリーダー（事務技術系リーダー，一般には係長レベル）」「新任管理職（課長等）」「管理職再受講（3年ごと）」に分かれる。このほかにも年代別研修，ストレスチェック集団的分析結果活用研修などがある。

　「新入社員研修」の内容のうち，筆者が特に伝えたいポイントは，「メンタル疾患に対する偏見のない正しい知識」「自分の不調に対する気づきのポイントと適切な対処のしかた」，「わからないことがあるとき，困ったときの適切な対応法」「ストレスをため込まない方法のいろいろ」などである。

　3つ目の「わからないことがあるとき，困ったときの適切な対応法」というコーナーを設けたのは，追い込まれる若い人たちを見ていると，共通するある傾向を感じたことからはじまった。その傾向とは「わからないことを質問できない」「困りごとを一人で抱え込む」「完成度の高い仕事をしようとしすぎて間に合わなくなる」「立場，経験，年齢が上の人

とのコミュニケーションが苦手」などである。そのため，ここでは適切なコミュニケーションの取り方について，事例を通してグループで話し合ってもらっている。いつも討議は盛り上がり，どうしたらよいかのイメージの活性化につながっているようである。

「新任管理職研修」など，人の上に立つ立場の方への研修では，過重労働によりうつ病を発症し離職そして自殺にいたった労働者の遺族による民事訴訟の判例をもとに，グループ討議してもらうことからはじめている。従業員の心の健康を守ることが，企業防衛，安全配慮義務，労働安全衛生という側面からも重要であることを，一企業人としてわきまえていただくことがねらいである。

「新任管理職研修」では，そのほかにも「部下の様子が心配なときの適切な対処」「身近に感じられる事例検討」「知らず知らずのうちにパワハラの加害者とならないための対策」「部下が相談に来たときの傾聴トレーニング」「自分のためのストレス対策」などが盛り込まれる。

このなかでも事例検討については，相談室で聞き出した生の問題を集めて，受講者が身近に感じられる架空の事例を作り上げることに腐心している。それをもとに，グループで適切な対応を検討してもらうのである。そのとき受講者の方々は頭を悩ませ，さまざまなことをイメージする。このような，受講者が生々しく感じられる事例の提供こそが，企業内のカウンセラーだからこそなし得ることなのではないかと自負しているところである。

このように研修では単に講義をするだけでなく，グループ討議，実践トレーニングなどを盛り込んでいく工夫をしている。会社からは新人研修で3〜4時間，上のレベルでは4〜5.5時間かけさせていただいている。

また，研修が終わった際アンケートを取るのであるが，それには感想，意見，提案のほかに質問があれば記入してもらっている。研修の最後にも質疑応答の時間を設けているが，すぐには質問を思いつかなかったり，その場では言いにくいこともあるだろうという配慮である。記入された質問には，個人に対してメールや手紙で回答を送るようにしている。

一部脚色しているが，その例を挙げてみたい。ある管理職から「新型

うつ病とただの怠け者の見きわめ方はあるのでしょうか？ もしあれば教えてください」という質問をもらった。それに対し，筆者は以下のような回答をした。

● 医療関係者ではない素人の企業人に見分ける方法はありません。また会社から職場の上長にその見きわめを求められているわけでもありません。大事なことは「事例性」と「疾病性」を分けて考え，職場上長は事例性のみを扱うことを理解しておいてください。
● 「疾病性」とは，「妄想がある」「うつ病が疑われる」など症状や病名に関することで，精神科医などの専門家が判断する分野です。
● 「事例性」とは，「勤務状況が悪い」「上司の命令に従わない」「周囲とのトラブルが多い」など実際に呈示される客観的事実で，職場関係者でもその変化に気づきうるものです。上長は，職務上何が問題になっているかを見きわめる視点が肝要です。
● 具体的な上長の役割は以下のとおりです。
  ① 「職場で何か奇妙な行動をとる人がいる」と周囲が感じたら，本人もしくは周囲にどのように影響しているかという事実を考えること。
  ② その結果メンタルの問題の可能性を感じたら，当人とともに産業医に相談すること。産業医が精神科などの受診を勧めたら，それに従うこと。
  ③ 専門医から「うつ病」「うつ状態」「適応障害」などの診断名が出たら，たとえ怠け者と感じられたとしても，そのように扱うこと。
● 職場上長は，産業医を通して専門医につなげるためのパイプ役という役割分担をイメージしてください。

実際，職場では「あの人はうつ病なのではないか」「何かメンタル疾患を抱えていそうだ」などの会話があるだろう。しかし，職場上長が「君，うつみたいだから医者に行ってみたらどうだ」などと声かけをするのは，いっそうの抵抗を生む危険性もあり，よろしくないことである。部下の

様子が心配なときの適切な対応法は，研修内でも丁寧に説明している部分であり，それに関する質問にも丁寧に回答することにしている。

紙面の都合もあり，以上を筆者の実践のご紹介としたい。読者の方々の刺激になれば幸いである。

おわりに

以上，簡単ではあるが組織構成員に対する「メンタルヘルス対策研修」について，その流れを説明した。

本章で伝えたかったポイントは，研修がその組織に本当に役立つには，その組織のなかに入り，その組織の情報を得，研修内容をその組織の実態により則したものにしていくことや，組織構成員の葛藤や息苦しさを呑み込んだうえで，「より健康的な組織にしていきたい」という講師の思いの滲む研修にブラッシュアップしていくことが大切だ，ということである。

もし，その研修が1回限りのお付き合いになるとしても，講師がその組織の構成員，キーパーソン，産業保健スタッフのジレンマや葛藤をつかんだうえで，どのような「願い」や「思い」が込められるかを感じ取っていることが大事だと思っている。

【文　献】

厚生労働省．こころの耳——働く人のメンタルヘルス・ポータルサイト．http://kokoro.mhlw.go.jp/（2016年4月20日取得）

厚生労働省（2012）．労働者の心の健康の保持増進のための指針．http://www.mhlw.go.jp/new-info/kobetu/roudou/gyousei/anzen/dl/101004-3（2016年4月20日取得）

種市康太郎（2015）．研修デザインのための専門技能（特集 シリーズ・今これからの心理職（3）これだけは知っておきた産業・組織領域で働く心理職のスタンダード）．臨床心理学, **33**(5), 333-336.

第3章

ストレスチェック制度に活かす心理職の専門性

> 　国のメンタルヘルス施策は2000年前後より次々と打ち手を繰り出し，働く人にとって最悪の事態である過労死や過労自殺（自死）の増加に歯止めをかけようとしてきました。それらが功を奏してか，ここ数年は労働者の自死の件数も減少しつつあります。国はさらに，1次予防を標榜したストレスチェック制度を「義務化」してメンタルヘルス施策を推進しています。
> 　第3章第1節では，ストレスチェック制度に至るまでの歴史的経過を概覧したうえで，ストレスチェック制度に関わる産業領域の心理職の立ち位置を問います。第2節では，ストレスチェック制度のなかで心理職が労働者と個人面談をする際の，具体的な面談手法と留意点を示しました。他方，第3節では職場全体を視野に入れた職場環境改善を，ストレスチェックを活用して実施する方法と，実際の取り組み事例を報告します。
> 　　　　　　　　　　　　　　　　　　　　　　　　　　（足立智昭）

第1節　衛生学・公衆衛生学領域における心理臨床の展開

松井知子（杏林大学）

　幅広い心理学領域のなかで，私はアウトプットとして行動を分析・対象とする学習心理学を基本的なスタンスとしつつ，心理臨床という専門性を医学領域の衛生学・公衆衛生学分野において展開してきた。健康の

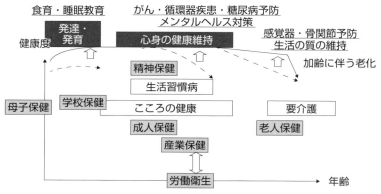

図3-1 「ライフステージ」に合わせた健康づくり活動の展開

保持・増進に対する心理学的なアプローチという観点から，社会医学，予防医学，環境医学領域で，乳幼児から高齢者までの各年齢階級のライフステージに生きる人々の健康の保持増進を守備範囲としている（**図3-1**）。具体的には，母子保健（子育て支援），学校保健（スクールカウンセリング），産業保健（企業におけるメンタルカウンセリング），老人保健（住民健診）などで「○○保健」と呼ばれている分野に「心理臨床」という切り口から関わってきた。おおよそ40年にわたる経験から，人々の健康を考えるときには，その人が生活している場（家族，人間関係，組織，地域など）の背景要因から情報を集めることが，何よりも必要であると考えている。

　いま振り返ると，医学領域において心理職がその専門性を確立してきた経緯は，簡単なものではなかったことを感じている。昨今，産業保健，学校保健領域で活躍される方々が多くなってきたことから，改めて，このような組織における心理職の役割，立ち位置について述べたいと思う。特に，産業保健現場では時代的変遷があり，それらにたおやかに対応し，ニーズに応じることから心理職の専門性を示し，心理職だからこそ今後さらにできることに触れたいと思う。

　戦後，日本のめまぐるしい経済発達に即して，産業現場では働く人々の心身の健康を守るための産業保健（労働衛生）の流れ（**図3-2**）があっ

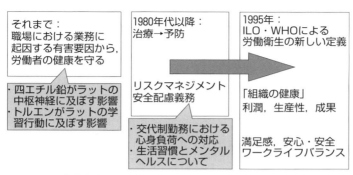

図 3-2　産業保健の流れ

た。その流れに棹さして，心理職の役割を確立してきた経緯を述べる。

1. 産業保健（労働衛生）の流れにそった心理学的アプローチ

A. 高度経済成長期

　職場環境の整備（職場の業務に起因する有害要因から労働の健康を守る）の時期である。

　1956年，経済企画庁は経済白書「日本経済の成長と近代化」の結びで「もはや戦後ではない」と記述，この言葉は流行語になっていた。それ以降，高度経済成長の始まりとなった神武景気の幕開けでもあった。職業性疾患が増加する情勢のもとで，産業活動の急速な変化に即応した労働安全衛生対策を進めるため，1972年労働基準法から分離する形で，労働災害・職業病防止のために「労働安全衛生法」が新たに制定された。著者が最初に心理職として関わった研究は，「四エチル鉛がラットの中枢神経に及ぼす影響」「トルエンがラットの学習行動に及ぼす影響」「四エチル鉛がラットの日内リズムに及ぼす影響」などであった。その頃の産業領域の学会では，環境有害物質研究や疲労自覚調査などが主流を占めていた。

第3章　ストレスチェック制度に活かす心理職の専門性　　65

B. 1980年代以降

　産業現場では「リスクマネジメント」「安全配慮義務」で示されるように，予防医学的な観点から，事業場によって労働者の心身の健康の保持・増進が積極的にいわれてきた。すなわち，2次予防としての事業場内に「診療所」的な役割を担っていた産業保健スタッフ（産業医，看護師，保健師，心理職など）の職場が，治療よりも予防ということで，「健康管理室」，そして「健康支援室」と部署の名称を変更していった。すなわち，事業場内に病院や診療所は不要とされ，むしろ，働く人々が自ら，自己保健義務に則り，自分の能力・パフォーマンスを最大限に労働の場で提供できるように産業保健スタッフが支援していくという労働安全の役割を担うことになった。勤務形態の多様性に伴い，睡眠・食事といった生活習慣が労働者の心身の健康に及ぼすことが示され，労働者の不調を「早期発見，早期対処」という2次予防の役割とともに，働く人々に「自分の健康は自分で守る」というセルフケアの重要性について保健指導・研修といった1次予防が重視されるようになった。

　この流れに従い，著者のこれまでの研究では，「警備員の夜勤・交代制勤務に関する調査研究　長時間拘束勤務および残業が生活時間と睡眠時間の変化に及ぼす影響」（松本ら，1981）や，「職域における保健指導対象者の生活改善とメンタルヘルスについて」（松井ら，2000）などで，働く人々のライフスタイルとメンタルヘルスとの関連性についてメディカルエビデンスを示すことで，産業領域の心理学アプローチの必要性を提示してきた。

C. 1995年以降

　1995年，ILO・WHOの合同会議で，労働衛生に関する再定義が協議された。そこでは，職場環境に労働者が適応するよりも，労働者が快適に働いていける職場環境を準備することが重要であると再確認された。その結果，働く一人ひとりが自らのキャリア（仕事を通した自分自身の生き様）構築のために，自発的にワークライフバランスを考えながら「働

く」ことが促進された。まさに，個人の健康の総和として組織の健康が成立することを明確に示したものである。

　これらの産業領域の流れにそって，著者は「高度救急センター勤務医師のメンタルヘルスについての検討——Stress Arousal Checklist (SACL) 日本人版を用いての試み」(岡本ら，2004)，「職場のメンタルヘルスサービス従業者のストレス・マネジメント——スクールカウンセラーの立場から」(松井，2006) などで，働く人の心身の健康を全人的なものとして捉え，その人々が安全に，安心して，快適に，働くことで自己実現を図っていくことができるというキャリア構築ならびに QOL の視点でメンタルヘルス対策を考えていく必要性を提示，指摘してきた。このように，働く場そのものの組織の健康度を高めていくという視点を展開していくことが，今後の心理職の役割であり，事業場組織，事業場経営者からのニーズであるともいえる。

D. 2014年〜現在

　2014年6月25日に「労働安全衛生法の一部を改正する法律」(法律82号) が公布された。化学物質による健康被害が問題となった胆管がん事案の発生や，精神障害を原因とする労災認定件数の増加など，最近の社会情勢の変化や労働災害の動向に即応し，労働者の安全と健康の確保対策をいっそう充実するための改正である。

　このなかで，メンタルヘルスに関わる対策としてストレスチェック制度が創設され，2015年12月1日から1年以内にストレスチェックを実施することが事業場の義務となった。労働者にはストレスチェックを受ける義務が課されていないため，これを受けなかったからといって法令に違反することはないが，メンタルヘルス不調を未然に防止するためにも，ストレスチェックを行うことにより，自分自身のストレスに気づくことが重要である。そのため，事業場にも受けることを当然とするような雰囲気，企業風土 (1次予防) がほしいところである。それが，自分の健康は自分で守るという労働者のセルフケアの基礎となるからである。

　国をあげて職場のメンタルヘルスを推進していくという，この契機を

活かして，心理職の活動の場を広げていくことが可能であると思われる。それを具現化するためには，ストレスチェック制度創設の過程を整理して，メンタルヘルス活動で何が求められているかを確認し，それに対応することができる心理職を育成することが必要である。

以下，ストレスチェック制度創設の過程について述べる。

2. 改正労働安全衛生法に基づくストレスチェック制度創設の過程

ここでは，2010年〜2014年の5年間にわたるストレスチェック創設の過程を説明するので，何が論点となったか，また，ストレスチェック制度は国をあげてのメンタルヘルス対策であることを理解していただきたい。

ストレスチェックの構想は，2010年4月当時の民主党厚生労働大臣が渋谷労働基準監督署の視察後，記者団に対して「全国的にうつ病患者が増えている。健康診断のときにチェックできないか。法改正が必要であれば検討したい」と述べ，労働安全衛生法の改正の考えを示したことに端を発している。

この大臣発言を受けて，2010年5月厚生労働省の自殺・うつ病等対策プロジェクトチームは，自殺者数が3万人を超える深刻な状況であり，働く人々の自殺率も上昇していることから，対策のひとつに「職場におけるメンタルヘルス対策・職場復帰支援の充実」を挙げ，「一人ひとりを大切にする職場づくりを進める」こととし，「職場におけるメンタルヘルス不調者の把握および対応」をめざすこととなった経緯がある。

厚生労働省労働基準局安全衛生部は「職場におけるメンタルヘルス対策検討会」を設置し，検討を開始した。検討会での論点は，職域でのうつ病スクリーニングに対するさまざまな懸念，特に個人情報保護と不利益取り扱いの懸念であった。2010年9月，定期健康診断で自覚症状を調査する際にストレス症状をきちんと問診することで，いったんはまとまった。

しかし，検討会の最終回終了後に報告書の内容が修正され，健康診断とは別の枠外で実施する，すなわち，健康診断時に，問診票を用いて一体的に実施するが，結果は事業者に知らせない方式で実施する「新たな枠組み」が提案された。そして，別の「事業場における産業保健活動の拡充に関する検討会」が設置され，外部専門機関に産業医の職務を代行させる改革案も検討された。日本産業衛生学会産業医部会などがこの点を問題視して棚上げされた。その後，法案作成の過程では，関連学会が改めて問題点を指摘し，協議が続けられた。

　2011年12月，法案は国会審議に入ったが，2012年11月，衆議院の解散で廃案となった。そのときの内容は一般定期健康診断の仕組みのなかで実施すること，長時間労働者に対する医師による面接指導制度と同様の仕組みが考えられていた。「精神的健康の状況を把握するための検査」という呼称となり，「新たな枠組み」として位置づけられた。医師以外に保健師も実施可能な方式に修正され，法案化された。

　2013年6月，労働政策審議会の安全衛生分科会での審議が再開された。ここで，当初の制度徹底に必須とされていた労働者の受診義務が削除された。また，「心理的な負担の程度を把握するための検査（ストレスチェック）」に呼称が変更され，①一般健康診断や長時間労働者の面接指導とは独立した制度であること，②結果は事業者に非通知の方式とすること，③医師のほか保健師・看護師・精神保健福祉士も実施できること，④労働者に受診の義務がないこと，などの従来の枠組みとは異なる方式で成立した。

　2013年12月に労働政策審議会建議で，ストレスチェック及び面接指導制度の創設が提言され，2014年6月労働安全衛生法改正案が国会で審議され，可決成立となった。

3. ストレスチェック制度の目的と要点

　ストレスチェック制度は，労働者のストレスの程度を把握し，労働者自身のストレスへの気づきを促すとともに，職場改善につなげ，働きや

すい職場づくりを進めることによって，労働者がメンタルヘルス不調になることを未然に防止するものである。実施に際しては，健康診断と別枠で行い，健康診断項目の自・他覚症状の有無の検査とは，明確に区別することが必要である。

　産業領域で働く心理職として，他の産業保健スタッフならびに人事・労務関係者と情報を共有しておくことが重要であり，ストレスチェック制度に関して以下のことは周知しておくことが必要であろう。

(1)　「労働安全衛生法の一部を改正する法律」(2014年6月25日公布／2014年法律第82号)
(2)　「心理的な負担の程度を把握するための検査及び面接指導の実施並びに面接指導結果に基づき事業者が講ずべき措置に関する指針」(「ストレスチェック指針」)(2015年4月15日心理的な負担の程度を把握するための検査等指針公示第1号)
(3)　「労働安全衛生規則第52条の10第1項第3号の規定に基づき厚生労働大臣が定める研修」(2015年厚生労働省告示第251号)
(4)　「労働安全衛生規則第52条の10第1項第3号の規定に基づき厚生労働大臣が定める研修に係る具体的事項について」
(5)　「労働安全衛生法に基づくストレスチェック制度実施マニュアル」
(6)　「ストレスチェック制度Q&A」

　ストレスチェック制度における「実施者」とされたのは，医師，保健師，一定の研修を受けた看護師・精神保健福祉士であり，いずれも国家資格として認められている者である。そもそも「実施者」とは，次のような者のことである。①事業者がストレスチェックの調査票を決めるにあたって，事業者に対し専門的な見地から意見を述べる，②事業者が高ストレス者を選定する基準や評価方法を決めるにあたって，事業者に対し専門的な見地から意見を述べる，③個人のストレスの程度の評価結果に基づき，医師による面談を受けさせる必要があるかどうか判断する。

　面談結果の最終判断（面接指導対象者の選定）は，実施者が行うこと

になるが，ストレスチェック実施後の措置のなかで，心理職が活用されると有効である場合としては，①高ストレスと判定されたが，医師面接を申し出ない者の相談対応，②医師面接以前のインテーク面接，③高ストレスでないが，相談を希望する者への相談対応，④産業保健スタッフへのコンサルティング，⑤ストレスマネジメント研修，⑥職場の集団的（組織的）なストレス要因の解析と改善策の提言，⑦ストレスチェックの説明，⑧職場環境改善，などが挙げられる。

　今まで議論が積み上げられてきたストレスチェック制度が，労働者の「心の健康」を支援するものとして機能するためにも，専門性の高い心理職の活用は当然となる。心理職には，あらかじめその準備をしておくことが求められる。

4. 産業領域における心理職の立ち位置

　衛生学・公衆衛生学領域で心理職として活動している専門職は数少ない。しかし，心理職のアプローチ法やスキルが，衛生学・公衆衛生学領域でもますます求められるようになるのは疑いのないことである。心理学の近接領域として医学の精神神経科学があるが，そこでは，原則的に精神病理として「疾病性」「異常性」が扱われる。

　それに対して心理学は，健常な人が，生活環境との相互関わりのなかで「不適応」「不調」を呈する場面で適用されることが多い。それはまさに「予防医学」の1次，2次予防の段階を示すものであり，今後この領域の心理職の活躍が期待されるものである。衛生学・公衆衛生学領域の教育が，心理職の大学教育で不足しているがゆえに，その情報すら知られていないのは，残念な限りである。産業領域で活躍される心理職には，産業保健スタッフとの連携を通して，衛生学・公衆衛生学アプローチについて関心を向けていただければと願うばかりである。

【文　献】

松井知子（2006）．職場のメンタルヘルスサービス従業者のストレス・マネジメント――スクールカウンセラーの立場から．産業精神保健，14（2），100-105．

松井知子・角田透・照屋浩司・武田伸郎・田村ひろみ・吉見耕一（2000）．職域における保健指導対象者の生活習慣改善とメンタルヘルスについて．産業精神保健，8（1），47-53．

松本一弥・斉藤良夫・松井知子・川森正夫（1981）．警備員の夜勤・交代制勤務に関する調査研究――第2報　長時間拘束勤務および残業が生活時間と睡眠時間の変化に及ぼす影響．産業医学，23（1），61-71．

岡本博照・山口芳裕・島崎修次・照屋浩司・武田伸郎・松井知子・市川佳居・角田透（2004）．高度救命救急センター勤務医師のメンタルヘルスについての検討――Stress Arousal Checklist（SACL）日本人版を用いての試み．産業精神保健，12（1），54-60．

第2節　ストレスチェック制度
――高ストレス者スクリーニングにおける臨床心理士の役割

市川佳居（ピースマインド・イープ株式会社）

　この節では，ストレスチェック制度における高ストレス者への，臨床心理士としての関わり方について解説する。職業性ストレス簡易調査票が作成された15年ほど前から，筆者はこの調査票を使用しており，この調査票の結果に基づいた個人フィードバック面談に関わる臨床心理士の育成に関わってきた。また，2014年10月30日に厚生労働省で開催された「ストレスチェックと面接指導の実施方法等に関する検討会」にて，ストレスチェック制度に心理職を関与させることを検討されたいという提言を行った。本節ではその経験・ノウハウをお伝えすると同時に，

改正労働安全衛生法（2015年12月1日施行）に則った臨床心理士による高ストレス者への対応という点に焦点をあてて解説したい。

1. ストレスチェックにおける臨床心理士の面談の位置づけ

　ストレスチェック制度のなかで，臨床心理士などの心理士が労働者への個人面談をするチャネルは2通りある。1つ目は，ストレスチェックを実施する医師，保健師など（以下，実施者）による高ストレス者の選定プロセスの一環として行う場合であり，2つ目は，医師による面接を希望しない労働者，および労働者全体に広く相談を提供する場合である。

　まず1つ目であるが，「心理的な負担の程度を把握するための検査及び面接指導の実施並びに面接指導結果に基づき事業者が講ずべき措置に関する指針」（以下，ストレスチェック指針）の「高ストレス者の選定方法」（7(1)ウ(イ)）には，「実施者による具体的な高ストレス者の選定は，上記の選定基準〔注——ストレスチェックの調査票の点数〕のみで選定する方法のほか，選定基準に加えて補足的に実施者又は実施者の指名及び指示のもとにその他の医師，保健師，看護師若しくは精神保健福祉士又は産業カウンセラー若しくは<u>臨床心理士等の心理職</u>が労働者に面談を行いその結果を参考として選定する方法も考えられる」（下線は筆者）との記載がある。この場合，医師による面接指導を当該労働者が受ける必要があるか否かを，ストレスチェックの結果に基づいて実施者が確認するためのものであるから，臨床心理士による面談は，実施者が上記の判断をできる材料になる情報を収集するべきである。

　2つ目の相談は，労働者が医師による面接指導を希望した場合，自らが高ストレスであって，かつ医師の面接指導が必要なレベルであることを事業者が知るところになるため，医師による面接指導の申し出を行わない場合が想定される。このような場合でも高ストレスの労働者が放置されないように，事業者は専門家による面談を推奨するべきであり，その場合，本人の許可なく事業者にストレスチェックの結果や相談内容が

開示されることはない。また，高ストレスではないものの，さまざまな課題でストレスを感じている労働者に対して相談窓口を用意しておくことも，1次予防としては有効である。

この2つ目の相談対応については，ストレスチェック指針の「相談対応」（7(4)イ(イ)）のなかで，以下のように記述されている。「事業者は，ストレスチェック結果の通知を受けた労働者に対して，相談の窓口を広げ，相談しやすい環境をつくることで，高ストレスの状態で放置されないようにする等適切な対応を行う観点から，日常的な活動のなかで当該事業場の産業医等が相談対応を行うほか，産業医等と連携しつつ，保健師，看護師若しくは精神保健福祉士又は産業カウンセラー若しくは<u>臨床心理士等の心理職</u>が相談対応を行う体制を整備することが望ましい」（下線は筆者）。

では，具体的にはこの面談および相談対応をどのように行っていくのか見てみよう。

2. 医師の面接指導対象者選定のために行う面談（情報収集面談）

まず，1つ目の面談であるが，本稿では，分かりやすくするためにこれを「情報収集面談」と呼ばせていただく。情報収集面談の目的は医師による面接指導を受けるべきかどうかについて実施者が判断する情報を収集することである。臨床心理士による情報収集面談ではバイオ・サイコ・ソーシャル的な観点からの構造化された簡易アセスメントを行うことにより，A. 心理的な負担の状況について評価を行い，B. 仕事によるストレスの度合いを把握し，C. 仕事以外のストレスについて把握する，という3点の情報収集を包括的に行う。

A. 心理的な負担の状況の評価

すでにストレスチェックの結果があるため，まずは結果の説明を行い，各結果について労働者に，開かれた質問をして，深堀りしたり，横展開

表3-1　うつ病の簡便な構造化面接法（Brief Structured Interview for Depression, BSID）(廣, 2004)

B1　この2週間以上，毎日のように，ほとんど1日中ずっと憂うつであったり沈んだ気持ちでいましたか？
（いいえ　はい）

B2　この2週間以上，ほとんどのことに興味がなくなっていたり，大抵いつもなら楽しめていたことが楽しめなくなっていましたか？
（いいえ　はい）

チェックポイント1：
　B1またはB2のどちらかが「はい」であるである場合　→　下記の質問にすすむ
　B1またはB2のどちらかも「いいえ」であるである場合
　　　　　　　　　　　　　　　　　　　　　　　→　面接終了（うつ病を疑わない）

B3　この2週間以上，憂うつであったり，ほとんどのことに興味がなくなっていた場合，あなたは：
a　毎晩のように，睡眠に問題（例えば，寝つきが悪い，真夜中に目が覚める，朝早く目覚める，寝過ぎてしまうなど）がありましたか？
（いいえ　はい）
b　毎日のように，自分に価値がないと感じたり，または罪の意識を感じたりしましたか？
（いいえ　はい）
c　毎日のように，集中したり決断することが難しいと感じましたか？
（いいえ　はい）

チェックポイント2：B1～B3（a～c）の合計5つの質問に，
　少なくともB1とB2のどちらかを含んで，3つ以上「はい」がある
　　　　　　　　　　　　　　　　　　→　大うつ病エピソードの疑い
　それ以外　→　面接終了（うつ病を疑わない）

したりする。例えば，不眠がある労働者には，合計で何時間寝ているか，寝つきが悪いのか，中途覚醒なのか，早朝覚醒なのか，いつから不眠が続いているのか，などを聞く。また，心理的負担を把握するなかで，リスク（自傷・他害・ハラスメント・虐待）を評価することも，臨床心理士の専門性を活かせる部分である。さらに，抑うつが強く出ている労働者にうつ病などの可能性の評価を行うと，医師の面接指導対象者の選定の情報にもなる。表3-1はうつ病の簡便な構造化面接法（BSID）であるので，参考にしていただきたい。

B. 仕事によるストレスの度合いの把握

　まずは，労働者の仕事内容について簡単に話してもらい，「仕事で生きがいを感じることはありますか，それはどんなことか話していただけますか」というようなポジティブな質問から始め，「あなたの職場では最近，どのような変化がありましたか」などと職場の変化について聞き，それに対する本人の対応や上司の支援などを聞き出すことにより，ストレス度合いを見立てる。ストレスチェックの面談は，労働者が相談したいと思って自主的に来ることばかりではないため，このように話しやすい環境をつくって，本人が心理士にもっと職場のことを話してみよう，と思える雰囲気にすることが大切である。このとき，心理士は，ストレスチェックの結果を見ながら，「仕事の負担度」「仕事のコントロール度」「職場の支援度」の3つの観点を念頭におきつつ，現実問題としての職場のストレス要因を深堀りし，水平展開していくことが重要である。

　仕事の負担度の例としては，長時間残業などのほかに，ワーク・インテンシティ（仕事の強度）という考え方もある。また出張が多くて振替休日が取れない，深夜勤務により十分な休養が取れないなどがある。仕事のコントロール度の例としては，スケジュールの変更が頻繁にある仕事，顧客のリクエストによって業務内容の変更がある業務などが挙げられる。逆に，テレワークなどの制度がある場合，自分の都合のよい時間に仕事ができる，など，高いコントロール度によるストレスの低下が見られることもある。

C. 仕事以外のストレスについての把握

　個人的なストレス要因のヒアリングに関しては，他人には最も話しにくいことの場合が多いので，いろいろと話をして心理士に対して話しやすさが出てきた最後の方にもってくるといい。一般的に「仕事以外のこと，家族，親せき，友人関係，自分の病気などについて気になることはありますか？」と聞いて，何か出てくれば，深堀りするといい。もしも何も出てこないときは，表3-2に記載されているストレス要因に

表3-2 職場以外の心理的負荷評価表(厚生労働省，2009)

出来事の類型	具 体 的 出 来 事	心理的負荷の強度		
		I	II	III
① 自分の 出来事	離婚または夫婦が別居した			☆
	自分が重い病気やケガをしたまたは流産した			☆
	自分が病気やケガをした		☆	
	夫婦のトラブル，不和があった	☆		
	自分が妊娠した	☆		
	定年退職した	☆		
② 自分以外の 家族・親族 の出来事	配偶者や子ども，親または兄弟が死亡した			☆
	配偶者や子どもが重い病気やケガをした			☆
	親類の誰かで世間的にまずいことをした人が出た			☆
	親族との付き合いで困ったり，辛い思いをしたことがあった		☆	
	親が重い病気やケガをした		☆	
	家族が婚約したまたはその話が具体化した	☆		
	子どもの入試・進学があったまたは子どもが受験勉強を始めた	☆		
	親子の不和，子どもの問題行動，非行があった	☆		
	家族が増えた(子どもが産まれた)または減った(子どもが独立して家を離れた)	☆		
	配偶者が仕事を始めたまたは辞めた	☆		
③ 金銭関係	多額の財産を損失したまたは突然大きな支出があった			☆
	収入が減少した		☆	
	借金返済の遅れ，困難があった		☆	
	住宅ローンまたは消費者ローンを借りた	☆		
④ 事件,事故, 災害の体験	天災や火災などにあったまたは犯罪に巻き込まれた			☆
	自宅に泥棒が入った		☆	
	交通事故を起こした		☆	
	軽度の法律違反をした	☆		
⑤ 住環境の 変化	騒音等，家の周囲の環境(人間環境を含む)が悪化した		☆	
	引越した		☆	
	家屋や土地を売買したまたはその具体的な計画が持ち上がった	☆		
	家族以外の人(知人，下宿人など)が一緒に住むようになった	☆		

⑥ 他人との 人間関係	友人，先輩に裏切られショックを受けた	☆	
	親しい友人，先輩が死亡した	☆	
	失恋，異性関係のもつれがあった	☆	
	隣近所とのトラブルがあった	☆	

ついて選んで聞いてみることをお勧めする。

D. 情報収集面談に関する留意事項

a. 面談時間

　情報収集面談の長さの目安は30分〜45分である。情報収集面談をストレスチェック制度の一環として活用する場合には，ストレスチェックの結果が高ストレスの労働者にのみ提供することとなるが，とはいっても，多くの労働者への面談を限られた時間内にこなすことになる。そのため短い時間でラポールを築き，医師による面接指導の必要性の有無の判断材料になるストレス要因，ストレス反応，ストレス対処力などを見極めるための構造化面接を効率的に行うスキルが必要とされる。

　企業によっては，ストレスチェック制度とは別に，新入社員や，30歳・40歳など節目の年齢の労働者，管理職になりたて，異動したてなどでストレスが高めと想定される立場の労働者に，情報収集面談を提供する場合などもある。ストレスチェック制度外での情報収集面談も，1次予防につなげることを主眼においている。

b. 情報の取り扱い

　情報収集面談は，実施者の指名・指示によって行われる。したがって，対応する心理士は，実施事務従事者として実施者の業務を支援するケースが多くなると推察される。実施事務従事者も，実施者と同様に労働安全衛生法上の守秘義務が課せられるため，情報の取り扱いには十分注意する必要がある。また，情報収集面談の結果は実施者に提出するため，面談の最初に，労働者にはその旨を伝え，書面により同意を得ておくことが推奨される。

c. 専門医へのリファー

情報収集面談のなかで，専門医にリファーする必要が確認された場合は，実施者と連絡をとりながら速やかにこれを行うべきである。

3. 労働者への相談対応

ストレスチェック制度は，事業主に知られたくないというプライバシーの観点から医師による面接指導を申し出ない労働者にもストレスケア相談を提供するべき，というセーフティネット的機能の準備も推奨している。この相談の対象者には，高ストレス者以外にも，心身の不調を感じている者，職場の人間関係に悩んでいる者，また，親の介護や子育てなどプライベートでストレスを感じている者など，幅広い事情のある人々が含まれる。

a. 面談の方法・長さ

方法は対面，電話，テレビ電話などが考えられる。時間は，情報収集面談と同様に30分程度。

b. 面談の始め方

情報収集面談同様に，ストレスチェックの結果について本人に気になった点，もっと深めたい点があるか確認する。開かれた質問を駆使して，本人が気になっているストレス状況についてヒアリングして評価する。

c. 高リスクの評価

情報収集面談同様，リスク・スクリーニング，うつ病の簡易スクリーニングなどを行う。ここでリスクが把握された場合は，医師や産業医へリファーなどを行い，リスク低減のために有効な措置を労働者と話し合って対策をとることが重要である。

d. 助言の仕方

　ストレスチェックの相談対応は，通常のカウンセリングと違い，1回限りの場合が多く，労働者がもち帰って実践できる具体的なアドバイスをすることが長期的に有用である。例えば，ストレス対処法の小冊子を配布する，ストレスマネジメント（呼吸法・筋弛緩法）などを10分ほどで教授する，認知の転換やポジティブ心理学について紹介する，ストレス解消法について本人ができることのリストを作成する，身体や年齢の変化に応じた心身の反応や対処法について情報提供する，などのストレスの種類に応じた引き出しを，相談に対応する臨床心理士はたくさんもっている方が良い。

e. 情報の取り扱い

　この相談対応は事業者に依頼されて行うものであるが，ストレスチェック制度における医師による面接指導とは別物であり，相談者の氏名および相談内容は第三者に開示されない。ただし，臨床心理士による通常のカウンセリング対応と同様，事業者による環境調整によって労働者のストレス低減が必要である場合，傷病休職の手続きが必要である場合などは，労働者本人から情報開示の同意を書面により取り付けて，産業医や産業保健スタッフなどに情報を開示する。

おわりに

　高ストレス者への面談を30分〜45分でこなすには，ラポール，見立て，インタビュー，リスク評価，などに高度な技術が必要とされる。臨床心理士はインテーク面談，見立て面談，心理テストなどを専門としているため，情報収集面談を行うには最も適切な専門家であるといえる。今後，是非とも，臨床心理士がこの専門性を活かして，労働者のストレス低減に貢献できることを祈っている。

【文献】

廣尚典（2004）．産業保健スタッフによる労働者の自殺リスクの評価法と対処法の検討．厚生労働科学研究補助金労働安全衛生総合研究事業「労働者の自殺リスクの評価と対応に関する研究」平成15年度総括・分担研究報告書，pp. 75-85.
厚生労働省（2009）．心理的負荷による精神障害等に係る業務上外の判断指針．

第3節　ストレスチェック制度と職場環境改善

長見まき子（関西福祉科学大学大学院）

1. ストレスチェック制度の目的と職場メンタルヘルス対策における位置づけ

　2014年6月の労働安全衛生法改正によって創設されたストレスチェック制度とは，労働者の「心理的な負担の程度を把握するための検査」（以下，ストレスチェック）および，その結果に基づく面接指導の実施を事業者に義務づけるものである。これまで政府の求めるメンタルヘルス対策は努力義務止まりであった。それが初めて義務化されたことは，わが国の職場メンタルヘルス対策の大きな転換点になることは間違いない。
　本制度は2010年4月，増え続けるうつ病や自殺を防ぐことを狙いとして，企業の行う健康診断で精神疾患に関する検査を義務づけてはどうかと，当時の厚生労働大臣が提案したことが発端であった。つまり提案された当初は，うつ病の早期発見のためのものだったのである。その後，職場でのうつ病スクリーニングに対する懸念や個人情報保護と不利益取り扱いの懸念などが噴出し，厚生労働省の専門委員会などでの協議が重ねられた。最終的にストレスチェック制度は「労働者のストレスへの気づきを促すとともに，職場環境の改善につなげ，働きやすい職場づくり

を進めることで労働者のメンタルヘルス不調を未然に防止するもの」とされ，メンタルヘルス不調の1次予防の取り組みの強化が目的におかれた。

しかし，本制度を形式的に運用するだけではメンタルヘルス不調の予防効果は期待できない。本制度を意味のあるものにするためには，制度上努力義務とされた職場環境の改善を実施することが重要であることを強調したい。

2. 職場環境改善

A. 職場環境改善の意義

職場のメンタルヘルス対策としては，教育，相談活動，職場復帰支援など個人へのアプローチが主で，職場・組織レベルでの対策は低調であった（吉川ら，2007）。しかし，職場には個人のストレス対処だけではいかんともしがたいストレスがあり，職場環境の改善を通じたストレス対策の重要性が認識されてきている。

国際労働機関（International Labour Organization：ILO）による，世界9カ国から収集された職場メンタルヘルス対策の成功事例のレポートでは，個人向けアプローチの効果が一時的・限定的になりやすいのに対し，職場環境の改善を通じたアプローチの効果はより持続的で有効とされている（Karasek, 1992）。厚生労働省の「労働者の心の健康の保持増進のための指針」（厚生労働省基準局，2006）においても，個人および職場環境の両面からのアプローチの重要性が強調されている。同指針では，職場環境などには狭義の職場環境としての物理化学的環境だけでなく，労働時間，勤務形態，作業方法，人間関係，職場組織などのメンタルヘルスに影響を与える要因がすべて含まれると定義されている。最近では，作業レベルや部署レベルよりさらに"上流"の組織要因，例えば組織的公正（井上ら，2008）や職場における助け合い，相互理解，信頼などから構成される"職場のソーシャル・キャピタル"（江口，2011）が労働者のメンタルヘルスに影響を与える可能性も注目されている。

B. ポジティブ心理学観点からの職場環境改善

a. ポジティブ心理学とワーク・エンゲイジメント

　臨床心理学では，精神疾患や心理的困難などネガティブな要因を扱い，職務満足感，動機づけ，組織コミットメントなどのポジティブな要因をあまり扱ってこなかった（島津，2015）。職場のメンタルヘルス対策はメンタルヘルス不調者を対象とした対症療法的な活動が主で，1次予防分野でもメンタルヘルス不調をいかに防ぐかという点に重きがおかれていた。しかし，ポジティブ心理学の発展を反映し，職場のもつポジティブな面が注目されはじめ，このようななかで提唱されたのがワーク・エンゲイジメントの概念である（Schaufeli et al., 2002）。島津（2015）は「労働者の幸せを総合的に考えた場合，こころの不調を防ぐだけでは十分ではない。労働者の強みをのばし，いきいきと働ける状態，いわば"ワーク・エンゲイジメント"の高い状態をも視野に入れた対策が，労働者の本当の心の健康につながると考えられる」と指摘している。さらに，ワーク・エンゲイジメントが注目されるのは，高いワーク・エンゲイジメントが労働者の幸福や生活の質に直結するから，そして仕事の生産性の向上にもつながることが明らかになっているからである（Shimazu et al., 2012）。

　このように，メンタルヘルス対策において，ネガティブな状態の解消だけでなく，個人や組織にとって好ましい結果につながるワーク・エンゲイジメントのようなポジティブな指標にも着目して対策を推進することが新たな動向となっている。

b. わが国におけるポジティブ・メンタルヘルスの考え方

　わが国においてもポジティブな職場メンタルヘルスの考え方に基づき，「健康いきいき職場づくり」が提唱された（川上，2014）。健康いきいき職場づくりがめざすのは，"労働者の健康が保たれ，活力をもちいきいきと働き，職場には一体感があり，組織も活性化している"ような職場をつくることであり，職場環境の改善が重要な手法となる。この活動は従来のメンタルヘルス対策と比較すると，①ポジティブなメンタル

ヘルスの実現を目標とする，②職場の心理・社会的資源に注目する，③メンタルヘルスを経営課題として取り組む，という特徴がある（川上・小林，2015）。企業へのアンケートでは，いきいき健康職場づくりに関心がある企業は90％と高い支持を得ており（川上，2012），今後の職場環境の改善活動はこの考え方のもとで行われるようになるであろう。

C. ストレスチェックを活用した職場環境改善の進め方

職場環境改善の進め方は計画・対策の実施・結果の評価，改善という事業場内の安全衛生活動のPlan-Do-Check-Action（PDCA）サイクルに基づく（図3-3）。以下，具体的に解説する。

a. ストレスチェック結果の集団ごとの集計・分析

集団ごとの集計・分析は，職場環境を共有し，かつ業務内容について一定のまとまりをもった部・課などの集団ごとに実施する。つまり，仕事をするうえで働き方の特徴や仕事のストレスが共通するような単位で集計しなければ意味がない。

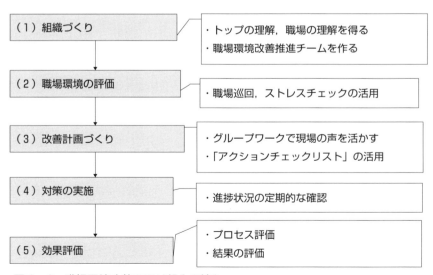

図3-3　職場環境改善の取り組みの流れ

b. 集計・分析の手法

　集団ごとの集計・分析の方法は，使用する調査票によって異なるが，国が標準的な調査票として推奨する「職業性ストレス簡易調査票」では，職場ごとのストレスの特徴の把握や職業性ストレスによる健康問題の発生リスクを算定するために「仕事のストレス判定図」（川上，2000）が活用できる。

　仕事のストレス判定図では，職業性ストレス簡易調査票の「仕事の量的負担」「コントロール」「上司支援」「同僚支援」の4つの尺度得点について対象集団の平均点を計算する。平均点を判定図上にプロットすると，その集団が全国平均に比べて，どのようなストレス要因の特徴をもっているか把握できる。さらに，仕事のストレスからどの程度，疾病休業などの健康問題のリスクが増加するかが，全国平均を100として示される。例えば120であれば20％増しに健康問題が起こりやすい集団であることを示す。これまでの調査で健康リスクが120を超えている場合は，すでに何らかのストレス問題が職場で生じていることが多いため，対策の優先順位をつける際の参考にできる。このように仕事のストレス判定図結果から，対象集団のストレスの特徴と優先度が把握でき，環境改善のための手がかりが得られる。

c. 集計・分析結果の活用

　ストレスチェック結果の集計・分析により職場のストレス評価を行ったあとは，改善計画の策定と対策の実施を行う。このステップにはいくつかの方法があるが，マニュアル（厚生労働省，2015）では，労働者参加型でグループワークなどを通じて実施する方法が最も効果があるとして推奨されている。

d. 改善活動の進め方のポイント

　職場環境の改善活動は現場をよく知る労働者や管理監督者が主体となり，心理職などの専門家の支援を得ながら進める。心理職は内部の産業保健スタッフとして，あるいは外部の専門家として支援を行う。特に外

部から支援を行う場合は，現場も分からないままにストレスチェックの集団分析結果だけで改善策を提案し，それを職場で実施するようなやり方では，必ずしもストレス軽減の効果が出るとは限らず，場合によっては新たなストレスを生じる可能性もある。心理職に求められることは，現場の力や意欲を引き出して効果的な改善策を検討・実施できるような枠組みをつくり，その活動を支援することである。

職場環境改善の具体的な進め方については，なかなかイメージしにくいと思われる。筆者らは某事業場において，外部 EAP 機関の専門家の立場で，労働者参加型による職場環境の改善活動を支援する機会を得たので，項を改めて紹介する (Tsutsumi et al., 2009)。

3. 職場環境改善の取り組み事例

A. 対象事業場での取り組みの概要

対象となったのは某製造業の電子部品工場で，従業員は約 700 名。安全衛生体制としては，嘱託産業医 1 名，衛生管理者 2 名。メンタルヘルス活動に関しては外部 EAP 機関と契約している。本事業場では経年的にストレスチェックを実施している。対象となった工場は例年高ストレス状態で健康リスク値が高いため改善の必要性があったが，なかなか改善活動には結びつかなかった。工場長交代の機会を捉え，外部 EAP 機関の専門家がストレスチェックの結果を説明し，職場環境改善の必要性を強く訴えたところ，新任工場長の理解が得られ，職場環境改善活動を行うことになった。なお，改善活動の効果を高いエビデンスレベルで示すために，先に改善活動を行う部署と，のちに改善活動を行う部署とが無作為に分けられ，労働者のメンタルヘルスや仕事のパフォーマンスに与える影響が検討された。

B. 職場環境改善活動の経過

①当該工場の人事総務担当者に対するファシリテーター研修の実施

(2005年5月)。②ストレスチェック実施(同年7月)。③工場長による「職場環境改善活動開始(キックオフ)宣言」のあと,無作為に選ばれた6部署(職場環境改善群:47名)において,職業性ストレス・職場環境改善に関する講義,ストレスチェック結果に基づく部署ごとのグループワークが開催され,改善活動がスタート(同年11月)。④改善活動の経過発表会(2006年4月・8月)。⑤効果評価のためのストレスチェック(同年8月)。

C. 実行に移された改善活動

職場環境改善スタート後の半年間でさまざまな改善活動が実行された。具体的な活動例を表3-3に示す。これらの改善は計画に基づいて実行され,達成度合いは数値化して評価された。改善活動の継続フォローとして経過発表会を活動開始から6カ月・10カ月で実施した。報告会では各部署から改善活動が具体的に報告され,互いに他部署の活動を好事例として学びあう雰囲気が生じ,改善活動自体が職場のコミュニケーションの改善に役立っていることが実感された。

表3-3 具体的な改善活動

区分	問題点	改善案
量の問題	物品の整理ができておらず業務を妨げる	器具・備品の整理整頓/保管場所明確化 部品見出し表作成/備品のラベル表示 製品入れの多段化改良/作業台設置/ツール工夫
	ライン編成の不備	業務に合わせたライン再編 レイアウト変更による動線の改善
技能の問題	作業員の技能不足	作業手順書の適宜更新
上司の支援	上司あたりの部下数が多くトラブルに対応できない	サブリーダーの設置
同僚の支援	中途採用者などもあり,作業者相互の交流が少ない	全員参加の清掃時間帯設定 職場の懇親会を頻繁に開催(一部で実施)
環境	ホコリ対策	ホコリよけカバー作成

D. 効果評価

職場環境改善活動の効果評価の対象として，無作為に5部署（対照群：50名）を選び，職場環境改善群との間でメンタルヘルス指標を比較した。メンタルヘルス指標としては，精神的健康度（GHQ）と最近1カ月の仕事のパフォーマンス（HPQ）を用いた。職場環境改善活動の前後で，対照群は精神的健康度が悪化したのに対し，職場環境改善群では得点の改善が見られた。さらに，仕事のパフォーマンスは職場環境改善群が上昇したのに対し，対照群では低下していた。いずれの得点の変化も統計学的に有意であった（図3-4）。職場環境改善の活動がメンタルヘルスだけでなく，仕事のパフォーマンスで示される職場の生産性の向上にも良好に作用することが示された。

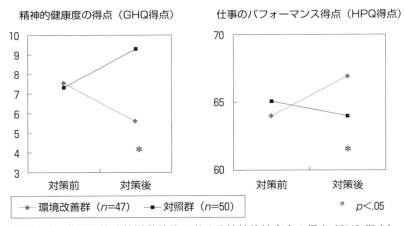

図3-4 職場環境改善活動前後における精神的健康度の得点（GHQ得点），仕事のパフォーマンス得点（HPQ得点）の変化 (Tsutsumi et al., 2009)
注) GHQ得点は，低得点で精神的健康度が良好であることを示す。

E. まとめ

某製造業における職場環境改善の活動がメンタルヘルスにも生産性にも良好に作用するという望ましい結果をもたらした。成功の要因として，

工場長が本活動の必要性に理解を示し，トップダウンで改善活動の後押しをしてくれたことが挙げられる。現場の労働者はストレス対策・改善活動の必要性は感じるものの，なかなかボトムアップでは職場全体を動かすことは難しい。トップがリーダーシップをとり，会社にとってもメリットがあることとして改善活動に取り組める形にすることが重要である。さらに，評価指標として経営層の関心が高い仕事のパフォーマンスというポジティブな指標を取り上げ，活動の成果を科学的根拠に基づいて示すことができたことも有効であった。

おわりに

わが国のメンタルヘルス対策の大きな転換点となるストレスチェック制度が創設された。この新しい制度を労働者と組織にとって有益なものとするためには，ストレスチェックの実施と医師面接のみにとどめず，職場環境の改善につなげてストレスの原因を根本的に対策すること，さらには，ポジティブなメンタルヘルスの考え方にそって職場の強みをのばし，ポジティブな目標を達成するための対策を実施することが求められる。

【文　献】

中央労働災害防止協会（2010）．メンタルヘルスのための職場環境改善「職場環境改善のためのヒント集」ですすめるチェックポイント30．中央労働災害防止協会．

江口尚（2011）．職域におけるソーシャル・キャピタルと健康影響．産業医学ジャーナル，34(2)，94-99．

井上彰臣・土屋政雄・川上憲人（2008）．国内外の産業医学に関する文献紹介——企業における組織的公正とその健康影響．産業医学ジャーナル，31(2)，132-135．

Karasek, R. (1992). Stress prevention through work reorganization: A summary of 19 international case studies. *ILO conditions of work digest : preventing stress at work*, **11**(2), 23-41.

川上憲人（2000）.「仕事のストレス判定図」の完成と現場における有用性の検討．加藤正明（班長）労働省平成 11 年度「作業関連疾患の予防に関する研究」報告書．pp.12-39.

川上憲人（主任研究者）（2012）．平成 21-23 年度厚生労働科学研究費労働安全総合研究事業「労働者のメンタルヘルス不調の第一次予防の浸透手法に関する調査研究」総合研究報告書．

川上憲人（2014）.「健康いきいき職場づくり」——職場のメンタルヘルスのポジティブ・ノンヘルスセクターアプローチ．産業医学レビュー，**26**(4)，211-238.

川上憲人・小林由佳（編著）（2015）．ポジティブメンタルヘルス——いきいき職場づくりへのアプローチ．培風館．

厚生労働省基準局（2006）．労働者の心の健康の保持増進のための指針について．

厚生労働省（2015）．労働安全衛生法に基づくストレスチェック制度実施マニュアル．厚生労働省．

Schaufeli, W. B., Salanova, M., Gonzalez-Roma, V., & Bakker, A. B.（2002）. The measurement of engagement and burnout: A two sample confirmative analytic approach. *Journal of Happiness Studies*, **3**, 71-92.

島津明人（2015）．産業保健と経営との協働に向けて——ワーク・エンゲイジメントの視点から．産業・組織心理学研究，**28**(2)，103-110.

Shimazu, A., Schaufeli, W.B., Kubota, k., & Kawakami, N.（2012）. Do workaholism and work engagement predict employee well-being and performance in opposite directions? *Industrial Health*, **50**, 316-321.

Tsutsumi, A., Nagami, M., Yoshikawa, T., Kogi, K., Kawakami, N.（2009）. Participatory intervention for workplace improvements on mental health and job performance among blue-collar workers: A cluster randomized controlled trial. *Journal of Occupational and Environmental Medicine*, **51**(5), 554-563.

吉川徹・川上憲人・小木和孝・堤明純・島津美由紀・長見まき子・島津明人（2007）．職場環境改善のためのメンタルヘルスアクションチェックリストの開発．産業衛生学雑誌, 49, 127-142.

第4章

「組織のメンタルヘルス体制作り」と「再就職支援」の最前線
―― 現場からのモデルづくり,ビジョンづくりをめぐって

> 第4章は,2014年8月23日にパシフィコ横浜で開催された「日本心理臨床学会第33回秋季大会」での自主シンポジウムの記録です。
> 第1節では企画の概要説明をし,第2節では新田泰生先生から産業・組織臨床における実践研究の方法論と組織内におけるメンタルヘルス体制の構築実践について,第3節では廣川進先生から海上保安庁において惨事ストレス対策を根づかせたプロセスについて,第4節では馬場洋介先生から研究方法論を交えながら再就職支援会社で精神疾患を抱えた中高年の失業体験について,第5節では指定討論として高橋美保先生からのコメントと質問とそれに対する話題提供者の回答,そして第6節ではフロアの先生方との質疑応答を掲載しました。
> このシンポジウムはその当時の日本臨床心理士会 産業・組織領域委員会のメンバーが中心となって企画しました。　　　　　　（森口修三）

第1節　司会の挨拶

森口修三（三菱電機株式会社鎌倉製作所）・松井知子（杏林大学）

森口　それではお時間になりましたので,始めさせていただきたいと思います。こちらは「「組織のメンタルヘルス体制作り」と「再

就職支援」の最前線——現場からのモデルづくり，ビジョンづくりをめぐって」をタイトルにした会場でございます。よろしいでしょうか。

　今日は突然雨が降りまして，お足元の悪いなかおいでいただいた方も多いのではないかと思います。大変多くの方にお集まりいただきましてまことにありがとうございます。

　本日前半の司会を務めさせていただきます三菱電機鎌倉製作所の森口修三でございます。よろしくお願いいたします。後半の方は……

松井　　杏林大学の松井知子と申します。よろしくお願い申し上げます。

森口　　今日は，新田泰生先生，廣川進先生，そして馬場洋介先生と，3人のシンポジストの方から，いろいろなお話をお聞かせいただきたいと思っております。大変刺激的な内容になるのではないかと期待しております。

　本当にゼロの状態から，地べたを這いつくばるような思いをされてそれぞれに形づくられてきた「メンタルヘルス体制」「再就職支援」，あるいは「惨事ストレス」，そのようなところからモデルづくりをなさってきた皆様方に現場のお話を聞けると思っております。そこから，モデルづくりが難しいと考えられる産業心理臨床のなかで，どのようなモデル図がつくられていくのか，どのようなモデルづくりが可能なのか，あるいは研究方法が現場の活動とどのように関わってどのように役立っていくのか，そのようなお話をお聞かせいただけるのではないかと思って期待しております。

　その後で，高橋美保先生から指定討論でいろいろなお話，疑問点や質問をいただきたいと思っております。そしてその後で，フロアの先生方からご意見やご質問をお受けしたいと思いますので，どうぞその節はふるってご参加いただければと思っております。

　ところで今回のこの企画ですが，背景を申し上げますと，日本臨床心理士会のなかに「産業・組織領域委員会」という委員会がございます。今年（2014年）の4月に名称が変わりまして，それまでは産業領域委員

会という名称でしたが，今年の4月から産業・組織領域委員会というように名前を改めました。それは産業という名前だけですと企業の社員の方だけを対象としているように思われがちになるのですが，やはり官公庁，あるいは見方によって病院や学校なども働く人たちの集まりであり，そのような現場も視野に入れて，「組織」という視点も大事ではないかというところでこのように名称を改めました。

そして毎年，産業領域委員会あるいは産業・組織領域委員会のメンバーが話し合い企画して，もう15年くらい経つでしょうか，毎年心理臨床学会のなかで自主シンポを開催してまいりました。毎年メンバーが「今年は何をやろうか」ということを話し合い，意見を出し合って，その時々に即したものを探して，皆でシャッフルするという場を設けております。そのような背景があるということも，どうぞ意識してご参加いただけるとありがたいです。

それでは，新田先生から今回の企画趣旨を含めて，企業のなかの開発研究所で人事総務の方とどのように連携して，どのようにメンタルヘルス体制を整えていったのか，その辺りの生々しいお話を伺えたらと思います。では新田先生，よろしくお願いいたします。

第2節 話題提供 ①
「少しだけ」方法論を意識しての産業心理臨床

新田泰生（神奈川大学）

新田 森口先生ありがとうございました。ご紹介いただきました神奈川大学の新田と申します。私の方からは，少しだけ方法論を意識しながら，産業の心理臨床をどのようにしていけるかということについての試みをお話しさせていただきます。まず私の心理臨床でのスタンスですが，私は長い間組織に関わる実践研究，アクションリサーチといいますが，いわゆるPlan-Do-Check-Action, このサイクルを回しながら研究していくことを続けております。企業のメンタルヘルス体制作り

や，大学の学生相談のネットワークづくり，あるいは現在では大学院を立ち上げて臨床心理士養成教育を行ったりしています。最近のことですが，これは組織に関わる心理臨床実践のCheck（検証）と関係するのですが，各大学院での臨床心理士養成教育がどのような教育水準で行われているのかについての公的機関の立ち入り実査という制度がありまして，神奈川大学大学院はその実査でA評価を受けました。臨床心理士養成の第1種指定大学院は全国で約150大学あり，そのうちA評価を受けるのは1割にも満たないということで大変喜んでおります。また，神奈川大学が産業心理臨床教育を強化している点もひとつ評価ポイントになったと書面にはございました。実践がこのような形で検証されるというのもCheckのひとつの例だと思っております。

　さて，今日お話をさせていただく内容です。シンポジウムの企画，方法論の問題，アクションリサーチ，そして修正版グラウンデッド・セオリー・アプローチに触れて，特にアクションリサーチに基づいてどのようなメンタルヘルス体制作りをしているのかについてお話をさせていただきます。産業や企業はめまぐるしく変化をしておりまして，従来の心理臨床のモデルだけでは通用しない現場が次々と出てきております。そういうところこそ，日々のデータを元にして，いかに新しい心理臨床のビジョンやモデルをつくっていくのかを模索していかないと，効果的に展開しないという問題がございます。それと併せて，ともすると経験と勘に頼りがちだといわれている心理臨床実践について，少し方法論を意識することによって新しい臨床の知を蓄積していくにはどうすればよいのか，そういう問題意識もあります。

　そこで，まず質的研究に触れておきたいと思います。量的研究はいうまでもなく，効果研究などで組織に対する説得力をもっています。したがって，量的研究と質的研究は棲み分けをしながら共存していくことだと思います。産業の現場における多次元的でめまぐるしい変化のプロセスを，研究のためにあまり単純化しないでそのままでモデル化できないか，その点を可能にするのが質的研究法のメリットだと思っています。どこにでも通用する一般理論ではありませんが，特定の現場に密着した

スライド①

> ### アクションリサーチ（action research）
> ● グループ・ダイナミックスの創始者であるクルト・レヴィンによって提唱された集団・組織や対人関係の変革・改善など，社会問題の実践的解決のための研究方法。
> ● 組織の対人関係改善に有効な方法として活用されるほか，企業における事業・業務の効果的遂行など，産業場面を中心に広い分野で活用されてきた。

形の状況密着型理論をつくることができます。数百のケースはなくても，目の前の7つか8つのケースをデータにして仮説となるモデルをつくっていけます。そして，そのモデルを仮説にして現場にいったん戻し検証してみて，さらにモデルを修正していく，これはまさに質的研究の進め方であり，Plan-Do-Check-Action ということだと思います。

質的研究もいろいろありますが，今日これから触れますのはアクションリサーチと修正版グラウンデッド・セオリー・アプローチです。アクションリサーチは，グループダイナミクスの創始者であるクルト・レヴィンによって提唱された，組織や対人関係の改革・変革のための方法論です（スライド①）。産業のなかでは，業務や事業の展開を計画的にPlan-Do-Check-Action で行います。具体的には，1番目の計画段階ではまず事前の観察・分析を丁寧に行い，目標設定して仮説を立てます。2番目の実践段階では，仮説に従って具体的なアクションを起こします。3番目の評価段階では，その仮説の妥当性を検討してそれが有効に行われているかチェックします。4番目の修正適応段階では，修正に従って再度仮説を立てて次のサイクルに入っていきます（スライド②）。

このアクションリサーチは，以上のような形で展開していきますので，私たち心理臨床家にとって自分のフィールドに適用しやすいというメリットがありますし，特に組織に関わるような心理臨床実践の質をチェックしながら向上させていくときに非常に取り組みやすい研究方法だと思っております。これをより現実的なモデルにしたのがデミング・サイクルともいわれている PDCA サイクルです。Plan はめざす目標を

スライド②

> **アクションリサーチの実際**
> 1　計画段階
> 　変革の対象となる事態の正確な観察と分析を行い,改善目標を設定するとともに,過去の研究知見を参考に,目標達成への方策を検討し仮説を立てる。
> 2　実践段階
> 　仮説に従って具体的な活動をする。必要ならば前もって訓練・教育を行う。
> 3　評価段階
> 　活動の有効性と仮説の妥当性を検証するために,目標達成度の検討を科学的に行い,活動内容や方策に改善すべき点の有無を検討する。
> 4　修正・適用段階
> 　改善すべき点があれば修正を行って再度同様の過程を繰り返すが,目標が達成されたら,その成果を異なる社会事象にも適用してみて,その方策の効用と限界を見きわめる。

スライド③

> **M-GTA(修正版グラウンデッド・セオリー・アプローチ)**
> ● 「研究する人間」:臨床等の言語データへの研究者の主観や経験を排除せず,むしろ研究者が臨床経験と問題意識を活かし,現象を深く解釈・考察することを研究の重要な要因と認める。
> ● しかしそこに研究者の思い込みや認知の偏りが入り込みすぎないように,継続的比較分析や分析ワークシートなどのさまざまな方法論的工夫を加えた質的研究法である。

具体的な仮説にいかに落とし込むかです。Doは仮説に従いながら行動します。Checkはその成果を評価します。そしてActionは反省点に基づいて新たな仮説を立て,次のサイクルに移していきます。これらがらせん状に展開していきます。

　次に修正版グラウンデッド・セオリー・アプローチです(**スライド③**)。この方法論の面白いところは,研究する人間,つまり心理臨床家の視点を排除しないというところです。量的研究の場合は,研究者の主観・経験を排除することが方法論上の要請になります。この方法論はむしろ心

理臨床家の問題意識と経験を活かして現象を深く解釈することを，重要なファクターとして認めているということが大事な点です。しかし，当然そこに研究者の思い込みや認知の偏りが入り込みすぎないように，継続的比較分析や分析ワークシートなどさまざまな方法論的工夫を加えています。ただ，M-GTA については，今日3番目に馬場先生の方からご発表がありますので，これくらいにさせていただきます。

　さて，私自身の組織のメンタルヘルス体制作りの実践をお話しさせていただきます。ある大手企業のある研究開発地区でメンタルヘルス体制作りを実施いたしました。その心理臨床実践についてアクションリサーチ的に報告させていただきます。その企業から相談室開設を依頼されたのですが，まずその事前調査の段階でのことです。先方は総務部長と人事課長，それから私との間で事前調査についてのやりとりがある年の年頭に行われました。そこで人事課長から開設計画が提示されました。この組織は，対象地区に約 1500 名の職員の方がいるのですが，ほとんどが研究開発職ということでした。よい点としては，総務部，研究所内の医療センター，職員組合から相談室開設を望む声があるということでした。ただし，非常勤カウンセラーの採用人数はわずか2名で，私が週に6時間半，もう1人が4時間，合わせて週に 10 時間 30 分という時間でした。事前調査を終えてのアセスメントとして，相談室開設への動機づけは高く条件は整っているとは思うのですが，週に 10 時間 30 分という相談室開室時間の短さが課題と考えました。何しろカウンセラーが非常勤2名のみで，2名併せて週に 10 時間 30 分という条件ですから，相談室でカウンセリングをやっているだけでは，組織全体のメンタルヘルスにはほとんど焼け石に水という状態です。

　したがって，この条件でどうやるかという戦略が必要であると考えました。まず考えた1つ目の戦略ですが，とにかく人事総務スタッフと徹底して協働関係をつくろうと考えました。これについてはのちに詳しくお話しいたします。次に，組織全体に関わるといっても非常勤なのでそう機会はありません。では何を活用するのかですが，教育研修を積極的に活用することを2つ目の戦略として考えました。企業の方は「相談室

スライド④

> **主要なメンタルヘルス施策**
> - カウンセリング
> - 心理アセスメント
> - 産業医，産業保健スタッフとの連絡，報告，相談
> - 総務部との定期連絡勉強会
> - 総務部新任管理職へのメンタルヘルス施策オリエンテーション
> - メンタルヘルスに関する会社への提言
> - 社内広報誌等での健康相談室のPR活動
> - 管理者，新人，新人育成担当者への各種の教育研修
> - ストレスチェック定期健康診断とストレス・マネジメント面接
> - 新入社員へのCMI実施とサポート面接
> - 管理者等へのコンサルテーション

はだいたい開設後半年は閑古鳥が鳴くそうですね」という感じでしたので，「そうはならないようにしましょう」ということにしました。総務部と医療センターと一緒に，「はじめから来談者が来るというスタート」を共通の目標としました。

次に，どのようなメンタルヘルス施策を実施したのかは（**スライド④**），大部分は後ほど報告させていただきますが，ここでひとつだけポイントを挙げておきますと，ストレス・チェックの定期診断をしておりまして，そこでストレスが高い方をお呼びしてストレスのマネジメント面接をしておりました。次に，相談室を開設してから，どのようなことを対策として行っていったかについてです。2月には相談室を開設いたしましたが，開設初日からケースがありました。これはもちろん事前に打ち合わせをしておいて，医療スタッフなどの働きかけによって来談したケースです。6月には全新入社員を対象にCMIを実施して，それに基づいてケアが必要な人たちをお呼びしてサポート面接を開始しています。7月には全新入社員を対象にしたコミュニケーション・ワークショップ教育研修を開始しています。8月には全課長職を対象にしたメンタルヘルス教育研修を開始しています。このような形で，開設半年はケースがない

スライド⑤

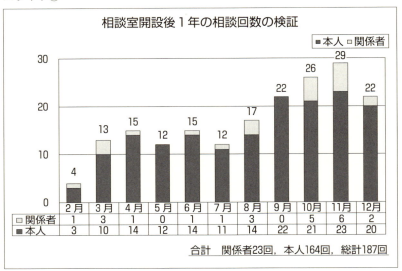

という状況をつくらないように皆でやってきました。その1年間の検証ですが,「X年の月別相談回数の推移」(スライド⑤)に表しているとおり,月が進むにつれて着実に延べ回数が増加していることが分かります。

　次に教育研修の方ですが,3つの研修を行いました。まず,メンタルヘルス教育研修です。課長クラスを対象とした4日間32時間の研修でした。具体的には,全課長を対象として合計111人の方に対し,1回30人ずつくらいに分けて複数回研修を行いました。その後,この研修は課長の新任研修として位置づけられて,そのタイミングで検証を行い,2日間16時間の研修に変更して続けられました。次に,人事課長とのやりとりで,新人の開発研究者はコミュニケーションが非常に苦手であるという問題が話題となっていました。ちょうど私は,社内報でそのときの社長の経営方針がコミュニケーションの活性化であるということを知り,新人教育研修をやることがその一助にならないかと人事課長に話をしてみました。そのときの人事課長のリアクションが非常に印象的だったのですが,「いいですね!」の一言ですぐ乗ってくださいました。そ

のときの感触として，この研修が成功すればこの人事課長にとっても業績になるということが分かりました。つまりこういう形で会社の方針，あるいは人事課長の方針を共有することによって互いに win-win の展開になるように心がけました。このような形で実現したのがコミュニケーション・ワークショップ教育研修です。全新入社員を対象として，1日8時間の教育研修をその後毎年実施しています。それから若い社員からのヒアリング，主に新人からのヒアリングですが，新人を教育する教育主任という方々がいるのですが，その教育主任への不満が多く聞かれました。教育主任は，技術的なトレーナーではあるのですが，ソーシャル・スキルをほとんど教えてもらえないということです。つまり，教育主任は一流の技術はもっているのだが，人間教育は知らないという面が浮き彫りとなってきました。しかし，新人のソーシャル・スキルが低いと，いったい教育主任は何をしているのかと言われるくらいの役割期待がされています。この現状についても人事課長と話をして，やはり研修が必要ではないかということで，事前ヒアリングを基に立ち上げたのが教育主任研修です。各職場の新人育成担当者（教育主任）を対象として1日8時間の研修としました。

　これらの教育研修でめざしているビジョン（**スライド⑥**）から，いくつかを取り上げます。ともすると相談員や相談室は組織にとってブラックボックスとなりますが，そうではなく，われわれの方から組織に打って出ることによって相談員や相談室が開かれたものになるということがポイントだと思います。また，私たちが積極的に研修講師を担当することにより，われわれの専門家としての位置づけをさらに強化して，コンサルテーションがスムーズに展開するようにします。さらに，よくあるような守秘義務をめぐる相談室への不信感を，できるだけほどいていく働きかけをしました。

　次に，人事総務スタッフとの協働の戦略のところですが，はじめは相互の定期連絡会だったものが勉強会に発展したというものです。連絡会をやっているうちに，互いに分かっていてほしいことが出てきまして，互いにレクチャーをしようという話になり勉強会に発展しました。総務

スライド⑥

教育研修のビジョン
1. 多人数へのメンタルヘルスの理解と効率的な組織への浸透をめざす。
2. 参加者自身が来談したり，参加者の紹介による来談者が増えることをめざす。
3. 相談室開設当初に教育研修を多用することで，開設当初に生じやすい来談者が少ない状況や組織での孤立状況を打開していけることをめざす。
4. 相談室や相談員が組織にとってブラックボックスにならずに，開かれたものになることをめざす。
5. 研修講師を担当することで，相談員の組織内での専門家としての認知が強化され，コンサルテーションなどがスムーズに運びやすくなることをめざす。
6. 意識的に相談室のオリエンテーションを行うことで，守秘義務をめぐる相談室への不信感を緩めていくことができることをめざす。
7. 教育研修の企画・準備を通じ総務部スタッフと共同作業により相互理解が進むことをめざす。

部の方からは，人事労務管理の最近の動向，福祉制度，労働安全衛生活動方針などについてレクチャーを受けました。われわれの方からは，メンタルヘルスの基本方針，カウンセリングの基本，うつ病の理解と対応など，われわれが知っておいてほしいという内容をレクチャーしました。これの副次的と言いますか大きな効果は，終わったあとの懇親会でした。一杯飲みながらかなり本音の議論が展開して，実はこれが大事だったという気がします。協働戦略の次のポイントとしては，総務部長や人事課長はだいたい3年から4年で替わっていきますので，新しい管理職がくるたびに，私は時間をいただいてこの地区のメンタルヘルスに関しての方針をご進講させていただきました。そのようなことを通して，新任管理職の方たちが，今進んでいるリストラ・再構築の組織改革に関していわゆる急進派なのか穏健派なのか，われわれは俗にタカ派とハト派と呼んでいたのですが，その辺りは見えてきますので，そこをアセスメントしながら，その方とメンタルヘルスについてお付き合いをさせていただくということをやってきました。

スライド⑦

> **筆者の組織への関わりモデル**
> - 臨床心理士の倫理，中立の原則，マインドフルネスの態度
> - 個人心理臨床，グループ・アプローチ理論を活かして行動する
> - 組織の目標を共有し，目標達成に協力する
> - 目に見える成果に，特別に時間とエネルギーを注ぐ
> - チェンジ・エージェントの役割を自覚する
> - 組織のキーパーソンとの関係づくりにエネルギーを注ぐ
> - 組織の上層部に積極的にコンタクトをとる

　このような形で関わっていくときの私自身の組織への関わり方のモデル（**スライド⑦**）ですが，まずダイナミックに組織のなかに関わっていきますので，派閥の問題やいろいろな問題が起こってきます。したがって，私自身が臨床心理士の倫理をきちんと自覚していること，派閥に触れていきますので私が中立の原則を守ることが大切です。また，組織のなかで動きますと，いろいろな誘惑もありますし，アグレッションもぶつけられますし，困難な状況に陥ります。そのときに自分自身が自分の心の動きにマインドフルネスに気づきながら，しかもそれに間を取りながら対応していけるかどうか，これは面接室での心理臨床と同じことだと思っております。いかに自分の内面の動きに気づきながら目の前の人事課長や部長と懇切丁寧に関係をつくり上げていくか，まさに心理臨床そのものだと思います。このように個人心理臨床のスタンスを組織心理臨床にも活かしました。それから，私はグループ・アプローチをやっておりましたので，グループ・アプローチの理論による組織のアセスメント，グループダイナミクスを見ながら組織に関わっていくということを大事にいたしました。そして，これも大事なところだと思っているのですが，私が勤めている組織の目標を共有すること，先ほどwin-winの関係と言いましたが，その組織目標の達成に向かって私もきちんと組織の一員として協力するというスタンスです。それは，秘密保持などの維持もしっかりやりながら同時に共にやれるスタンスだと思っています。また，先ほど相談室がブラックボックスであるという問題について言及

スライド⑧

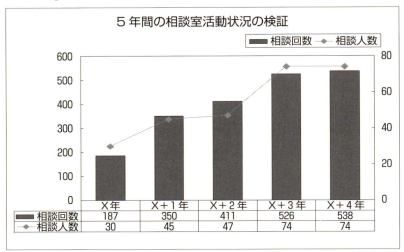

しましたが，やはりなかなか見えにくいので，相談員が何をしているのか，相談室が何をしているのかということに関しては，目に見える成果のところに特別に時間とエネルギーを注ぎました。それから，企業風土のなかにメンタルヘルス体制をつくっていくというのは新たな文化をもち込むということですので，私がチェンジ・エージェントであるという役割をきちんと自覚するようにいたしました。また，組織のキーパーソンとの関係づくり，この場合は人事課長との関係性が大きかったのですが，そのキーパーソンとの信頼関係づくりにエネルギーを注ぎました。さらに，組織の上層部の方とお会いする機会がなかなかないものですから，いろいろな行事に参加して積極的に上層部の方とお話をして，顔を知ってもらうということをしました。

このような活動についての5年間の結果を検証しました。「開設後5年の相談回数と人員の変遷」で延べの相談回数，相談人数を見ていきますと，メンタルヘルス施策を開始して5年までの間に確実に相談件数と人数が増えていっていることが分かります（**スライド⑧**）。それから，検証の別の面で言いますと，これも効果があったということの検証だと

思います。相談員が2人だけではどうしても足りなくなり，相談員の1人増員を希望しました。それが認められまして，当初の問題だった少ない相談時間は10時間30分から19時間へとほぼ倍増しました。もうひとつ，人事総務との協力関係の検証ですが，これは先ほど言いましたが人事課長との信頼関係づくりが大きくプラスになったと思っています。この展開のなかで，大学組織だったら1名増員するのに2，3年かけてもまず通らないのですが，相談員1名増員が必要だということを人事課長に恐る恐る相談したところ，あっさりとOKをいただきました。「ああ，いいですよ」と二つ返事でした。これは大学だったら本当に3，4年かかる話だと思います。つまり，成果を出せば企業の反応は非常に速いということです。この相談室開設当時に信頼関係を築いた人事課長が，離任のときにこのようなことを言ってくださいました。「私がこの地区の4年間でやった最大のことは，先生方と当地区のメンタルヘルス体制をつくったことです」。これはリップサービスも入っているとは思いますが，正直なところわれわれ相談員としては非常に嬉しかった言葉です。この言葉に「やれたのかな」と感じました。

　以上，アクションリサーチを使って，Plan-Do-Check-Action に従って行ったある企業のメンタルヘルス体制作りに関する心理臨床実践についてお話しいたしました。ご清聴ありがとうございました。

森口　新田先生，どうもありがとうございました。企業のなかのキーパーソンにどのように関わっていくのか，積極的に踏み込んでいかれた様子が非常によく分かります。すごく貴重なお話でもっと聴いていたいのですが，時間の関係で急がせてしまいました。申し訳ございません。

第3節　話題提供 ②
組織臨床コンサルタントという発想
——惨事ストレス対策を根づかせる海上保安庁での 10 年間の活動から

廣川　進（大正大学）

森口　それでは，次に大正大学の廣川先生の方から，海上保安庁でのご経験を基にして，こちらも非常に生なお話が伺えると思います。よろしくお願いいたします。

廣川　大正大学の廣川です。よろしくお願いいたします。テーマは「組織臨床コンサルタントという発想——惨事ストレス対策を根づかせる海上保安庁での 10 年間の活動から」というお話をさせていただきます。惨事ストレスも海上保安庁もやや特殊ですので，その内容を詳しくお話するよりも，そこでやってきた発想や方法についてのお話を，皆様方が関わっている組織，企業や学校，スクールカウンセラーの方もいるかもしれませんが，そういう方たちに何かしらヒントになるようなお話になればよいと思っています。

　この肩書きを見ていただいても分かるように，「海上保安庁惨事ストレス対策アドバイザー」という肩書きで依頼が来ました。これは 10 年前です。つまり私が呼ばれたのは，ある組織のなかに「惨事ストレス」というものを，それは大事でケアしなければならないということを根づかせるというミッションだったのだと思っています。したがって，個別のカウンセリングももちろんやるのですが，それを超えて，その組織のなかに仕組みをつくるということ，それが私が呼ばれた目的だというように捉えていました。

　当時，10 年前は惨事ストレスという言葉がそれほどまだ普及しておらず，多くの人は 1 次ストレス，2 次ストレスがあって，3 次ストレスもあるのではないかというくらいの認識でございました。さらに，このような救援系と言いますか，警察も消防も自衛隊もそうですが，このよ

スライド①

カウンセラーの4つの機能

1 カウンセリング
　関係構築，問題解決過程の支援
2 アセスメント
　支援に必要な情報収集
3 コーディネーション
　複数の支援者をチームでまとめる調整機能
4 コンサルテーション
　他の専門家に対して行う専門的助言

藤原俊通（2013）．組織で活かすカウンセリング．金剛出版．

うなマッチョな，まあ「海猿」とかですね。「そのような人に心のケアなんて」というのが多くの人たちの受けとめ方でした。これは10年前ですが，今もまだそういうところがあります。したがって，最初からカウンセラー，つまり個別のカウンセリングをするということからちょっと離れて，その仕組みを組織のなかにつくるという役割を果たすためにはコンサルタント的な役割が必要なのではないか，ということが今日お伝えしたい要点です。

　従来，カウンセラーには4つ，カウンセリング，アセスメント，コーディネーション，コンサルテーション，こういった役割があると思います（**スライド①**）。本日藤原先生がいらっしゃっていると思いますが，ご本から紹介させていただきました。これは，前提としては個々のケースへの対応ということでこれだけ備えていたほうが，例えば復職支援ひとつをとっても一番フィットする，その組織のなかでフィットする援助・支援の仕方があるだろうということだと思うのです。一方，個々のケースを超えて仕組みをつくるというときにコンサルタントの要素というのが必要なのではないかと思います。思い浮かぶのは経営コンサルタントのような感じですが，企業経営など少し大きな観点から診断・助言・指導を専門家の立場から行うのがコンサルタントだとしますと（**スライド**

スライド②

コンサルタント
- 企業経営などについて相談を受け，診断・助言・指導を行うことを職業としている専門家。（大辞泉）
- ある分野についての経験や知識をもち，顧客の相談にのって，指導や助言を行う専門家。特に，企業の経営・管理術などについて，指導や助言をする専門家。（大辞林）

スライド③

組織臨床（心理）コンサルタントという発想

カウンセラー	組織臨床コンサルタント	経営コンサルタント
個人の気持ち 個々のケース ミクロの眼	組織を見立てる 関係性，集団力動を読む 個別の事例と全体の解決策の往復	マクロの眼 利益・財務 データ マニュアル システム

②），従来私たちが行っているカウンセラー，個人の気持ちに深く入っていき，個々のケースを丁寧にやること，これも専門性だと思います。一方では，経営コンサルタント，ITコンサルタント，組織コンサルタント，人事コンサルタントなどさまざま専門が分かれますが，多くは企業全体をマクロの目で見ていきながら，利益や売上や財務などについてデータから把握していき，システムをつくったりマニュアル化していくといったことが主な仕事だろうと思います（**スライド③**）。

そうすると，この真ん中に，「組織臨床（心理）コンサルタント」と勝手に名前をつけましたが，「組織臨床」ということがあってもよいのではないかと思います。あるいは学校臨床，病院臨床などもそうです。そういう意味では，組織が相手，組織がクライエントであるといった「組織臨床」という考え方が導入できないかと思います。さらに，組織臨床と考えたときに，カウンセラーとしての役割に加えてやはりコンサルタ

スライド④

組織と関わるコンサルタントの視点
● 組織を見る・観る・診る・看る人
● 組織を測る「ものさし」と比較の視点
ベネッセ，海保，国会図書館，某県庁，某病院……
● カウンセラーの専門性の土台の上に
総合的に見立てる　⇄　治療的かかわり
関係性を読む，グループの力動を読む
（潜在的な対立，葛藤，スプリッティング）
● 相手のビジネス言語（データ，生産性，効率……）に合わせて，
● 戦略とストーリーをオーダーメードで描く
● カウンセラーとコンサルの往還
例）　最前線の新人のつぶやきを本庁の幹部に伝える
● 専門性を磨く
遅発性 PTSD，PTG（トラウマ後成長），デブリーフィング
● 専門家のネットワークづくり
消防，自衛隊，警察，トラウマ学会，MR（メンタル・レスキュー）協会

ントの観点があった方がよいのではないかと思います。例えば組織を見立てるとき，見立てのなかにさまざまな観点のアセスメントが入ってきますし，見立てていきながらそこに自ずと処方箋といえるようなものが見えてくるということも含んでいると思います。あるいは関係性ですね。対人関係もそうですし，グループのなかの1人の関係もそうですし，グループごとの関係もそうです。それから個々のケースの対応をしていくというカウンセラーの役割と，全体の解決策を立てていくということの往復，らせん型で繰り返していくというようなことが必要になってくるのではないかということです（廣川，2012，2013）。

　組織と関わるコンサルタントの視点（**スライド④**）について，私が考えたり行動していく際のベースは，20年近くベネッセ・コーポレーションに勤めていたことにあります。普通の会社員として「ひよこクラブ」をつくったり人事をやったりしました。そのようなことで，今組織を見るベースはその会社員時代の20年間にあります。後半は大学に移って

10年経ちますが，そのときにこれから話をします海上保安庁，また一時は国立国会図書館の相談員もやっておりました。それから，某県庁の復職支援プログラム，あるいは某総合病院の相談員もしておりました。このようにいろいろな組織に関わるようになりますと，ベネッセをベースとしながら「ここが違うのだな」というように比較の観点が出てきます。これは多分皆さんも，スクールカウンセラーで学校が替わればずいぶん違うなということがあると思います。そういった比較の観点をもちながら，総合的に見立てたり関係性を読んだりします。

それから企業と関わるときに相手が使っているのはビジネスの言語です。売上，生産性，効率といったものです。また，データで説得する必要もあります。心理の方はとかく物語で説得するのですが，なかなか物語だけでは駄目で，やはり問題はデータを使って説得していくことが，とくに経営層に対しては重要です。また，戦略とストーリーというように書きましたが，例えば私が海上保安庁に行って間もないときは，「うちはタフな連中だからメンタルヘルスなんていらないんですよ」というようなことを，偉い人がボソッと言ってきたりしました。ですから，そのなかで惨事ストレスのケアが必要だということを，相手が受け入れられるようなストーリーで定着させていかなくてはいけないということがありました。

例えば，惨事ストレスというのは必ずしも弱い人がなるというものではないということや，相談に来るということはむしろ本当にタフな人なのだということ。「相談力」という言葉がありますが，「相談する力」をつけようとかですね。海上保安庁はポジティブな言葉に弱いので，「なんとか力」と言うと「なるほど」ということになって，「それは腹筋みたいに鍛えればいいのか」ということになります。このように相手のストーリーに乗って，「じゃあ相談力をつけましょうよ」というようにして，相談には弱いやつが行くものだという組織風土がもつ先入観を少し揺さぶるのです。相手のストーリーや考え方に乗りながらひっくり返していくということだろうと思います。

組織を見立てるときの観点ですが（**スライド⑤**），これはハードとソ

スライド⑤

組織を見立てる観点＝構造とプロセスを読む

■基本情報
- 組織特性　組織図
- 業務の特徴　業界，業種
- 従業員数，男女，年齢，正規／非正規，増減
- 売上，利益

■経営理念，CREDO
- ジョンソン＆ジョンソン
「社員ひとりひとりは個人として尊重され，その尊厳と価値が認められなくてはならない。社員は安心して仕事に従事できなければならない」
- ザ・リッツ・カールトン
「We are Ladies and Gentlemen Serving Ladies and Gentlemen」

■歴史
- 創業者，ストーリー

■職場風土
- 非言語，ハイコンテキスト

■変化
- 経営環境，組織改革，人事制度，統廃合，合併，買収
- 業務・部門の縮小，撤退

■新たな課題
- 変化する現場の課題をすくい上げ，言語化して衆知を集める

フトと言ってもよいし，構造とプロセスと言ってもよいのですが，いろいろな会社案内やホームページから入手できるデータもあると思います。それから非言語のところ，職場風土がどうなっているのかなども重要です。ハイコンテキストと書きましたが，例えば経営理念のなかに社員を大事にしようとか書いてあったり標語で貼ってあったりする会社があります。その言っていることと実際にやっていることのギャップはどの組織にもあるわけですが，その両方を正しく理解しないといけません。標語に書いてあるから「ここはメンタルヘルスを大事にしているな」という単純な話ではないわけです。

それから変化です。今，ものすごく会社の環境が変わっています。合併，買収，組織の統廃合などですね。皆さんが関わっている組織について最近の変化は何なのか，売上がどれくらい上がっているのか，または下がっているのか，リストラは今検討されているのか，このようなことがすべて個々のケース，復職支援ひとつ取ってもそのアプローチに影響していきます。それから新たな課題，変化していく職場の課題をその個人とカウンセリングしていくなかで「ここは問題だな」ということが積み上がってくる。それを上層部に伝えていくというような観点もあるかと思います。

　さて，海上保安庁の特徴です。よく海上自衛隊と間違えられるのですが（笑），海上保安庁は国交省の下で，海の警察と消防の両方をやっている組織です。全国で11の管区に分かれています。第1管区とか第3管区というように分かれておりまして，職員数は全体で約1万3千人です。そのうち東京の本庁に約千人おります。組織は非常に明確なピラミッド型となっています。霞が関に本庁があって，国交省のキャリアの方が幹部になったり，あとは大半が海上保安大学校か海上保安学校の出身です。ですから非常に同質性が高いと言えると思います。組織的な特徴としては，転勤が非常に多いということです。2，3年で全国レベルでの転勤があり，単身赴任も多く，またへき地への赴任もあります。比較的風通しのいい海の男たちだとは思いますが，幹部が変わるとガラッと雰囲気が変わるということもあります（笑）。また，上意下達が基本なので，何か施策を打つときにいかにトップダウンで進めるかということが必要になります。私がやってきたこととしては，惨事ストレスに限らずやはりメンタルヘルスの対策全般を捉えることと，調査や研修などさまざまな活動を総合的に行ってきました（**スライド⑥，⑦**）。惨事ストレスが実際どのくらいこの組織のなかに存在するのかを，赴任したときにまず実態調査しました。すると3％くらいにPTSDの可能性があるというデータが得られましたので，海上保安新聞の1面記事にしてもらいました。このような形で組織に問題提起をしていきました。このように，個別のケースに対応しながら，構造化，問題分析，調査・研究を行い，そ

スライド⑥

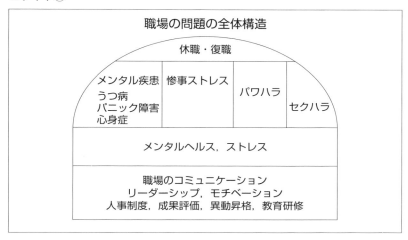

スライド⑦

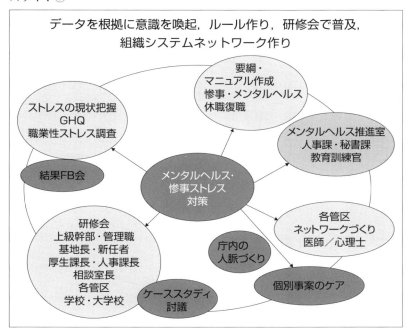

スライド⑧

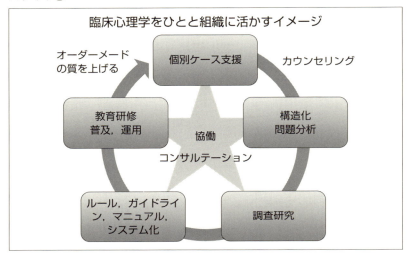

れらを踏まえたルール，ガイドラインを作成し，それを徹底する教育研修を行って，そして個々のケースへの対応の質を上げていくといったサイクルを回してきたように思います（**スライド⑧**）。

　最後に震災のお話をさせていただきます。ご承知のように，今回の震災で大きな被害があったのは主に東日本の海岸線だったので，捜索活動をはじめ海上保安庁の仕事も非常に多かったです。そこで，捜索活動などに関わった職員を対象として1週間後，1カ月後の時点でIES-R（出来事インパクト尺度改訂版）という惨事ストレスのチェックを行いました。ストレスは時間が経つにしたがって徐々に下がっていくのですが，15カ月後にフォロー調査をした結果，2.3％くらいの人がまだ症状がありました。さらに，21カ月後になっても0.4％くらいの人にフラッシュバックなど何らかの症状がありました。

　これは6カ月以上経ってからの発症ということで「遅発性PTSD」ということになりますが，このようなことは災害救援者の人たちには多い傾向だろうと思います。そして，このような方々のケアをどうするか，実際には人事配置の面で配慮してもらうなどの対応も取ってきました。

それから，遅発性ということ，またPTG（ポスト・トラウマティック・グロース）――トラウマ後成長ですが，この経験を活かしながらさらにタフな海上保安官になっていくという観点も今は入れています。ただ，これは使い方が非常に難しくて，本人が自然と回復してきて振り返ったときにこれが成長になったというような形で使わないと，周りのケアする人が「もうそろそろ成長なんだから」「そろそろ治ったら？」という使い方をしかねないので注意しないといけないのです。組織上，ケアする対象ではありますが，仕事を続けていく限りこれを乗り越えていかなければならない仕事ですので，ポジティブな側面というものを加味しながら関わっていこうと思っています。

　まとめますと，カウンセラーという土台のスキルを活かしながら組織と関わるときに，組織から何を求められているのかということを把握しながらコンサルタント的なアプローチができるカウンセラー像が，これから臨床心理士にも求められてくるのではないかと思います。一般企業においても，メンタルヘルス対策をどうすればよいのかというような組織としての相談をされることが多いと思います。そのようなときのご参考にしていただければと思いました。

森口　廣川先生，どうもありがとうございました。マッチョな人たちと心理職の関わりということで，なかなか聴くことができない貴重なお話だったと思います。どうもありがとうございました。

【文献】

廣川進（2012）．「組織」のアセスメント――組織をクライエントとして見立てる「組織臨床」という考え方．事例で学ぶ臨床心理アセスメント入門（臨床心理学増刊第4号）．金剛出版．

廣川進（2013）．組織コンサルテーション――場・構造・プロセス．実践領域に学ぶ臨床心理ケーススタディ（臨床心理学増刊第5号）．金剛出版．

第4節　話題提供 ③
再就職支援会社で支援を受けている精神疾患を抱えた中高年男性の失業体験プロセス
――実践で活かせる研究の方法論の視点

馬場洋介（株式会社リクルートキャリアコンサルティング）

森口　次は，馬場先生の方から今回の「組織のメンタルヘルス体制づくり」というところと，もうひとつの話題であります「再就職支援」というところ，それから研究方法論がどのように実践の現場で役立っているのかということも含めて大変興味深いお話になると思います。それでは馬場先生，よろしくお願いいたします。

馬場　株式会社リクルートキャリアコンサルティングの馬場洋介と申します。よろしくお願いいたします。私からは，森口先生のご紹介がありましたように，話題提供ということで「再就職支援会社で支援を受けている精神疾患を抱えた中高年男性の失業体験プロセス～実践で活かせる研究の方法論の視点～」というものを発表させていただきます。資料の方ですが，パワーポイントでまとめた資料と，結果図と調査対象者を表裏に表記したもの，それから，あとでご説明いたしますが，分析ワークシートの3つの資料を基にお話を進めさせていただきます。

まず自己紹介ですが，今は民間の再就職支援会社でキャリアカウンセラーとして，主に中高年の失業者を対象として支援を実践しています。私の会社には約200名のキャリアカウンセラーが在籍していますが，臨床心理士は私ひとりです。個人的には，企業のメンタルヘルス対策の企画・立案を以前の仕事で行っておりました。なお，修士論文ではM-GTAを使った研究をしております。

ここで，再就職支援会社についてご説明いたします。従業員の「雇用調整」を実施する会社から要請を受けて，会社都合により退職される人の再就職を支援する役割を担う会社です。（株）リクルートキャリアコ

ンサルティングは業界最大手の企業です。主な支援内容としては，応募書類作成や面接対策など，再就職のスキル面の支援がメインであります。失業者は，直近のデータで，全国で約250万人程度ですが，そのうち約1〜2％の失業者が再就職支援会社で支援を受けています。全体の構成としては，大企業または大企業の関連会社出身の人が大半で，年齢構成は40代以上が約70％，また主に男性です。プライドがある大企業出身の中高年男性失業者ですから，失業という局面にあってかなりの喪失体験をしていて心理的ダメージも大きいと想定されます。

　今回の研究は，精神疾患を抱えながら再就職活動をしている中高年男性失業者は，健常の男性失業者と比べて心理的援助を必要としていますが，充分な援助が得られていない状況にあるのではないか，そして，メンタル面とキャリア面の総合的な心理的支援が必要なのではないかという視点で始めました。

　ここで分析法について，M-GTAを選んだ理由についてご説明いたします。まず，先行研究を調べると，この領域の研究はほとんど行われていませんでした。今日ご参加の高橋先生と廣川先生が失業研究をされており，他数名の研究者が取り組まれているくらいで，あとはほとんどいらっしゃいませんでした。私のテーマとしては，探索的に研究して中高年失業者のモデルをつくりたいということでしたので，対象者に対してデータを収集し，質的研究を始めました。

　質的研究のなかでもM-GTAを選択した理由は6つあります。1点目は，この分析法はヒューマンサービスに関連する領域について，有効とされているということです。特に私の関心事は，精神疾患を抱えた中高年の男性失業者に対してどのような心理的援助をしていけばよいのかということで，具体的な支援の手法を現場で見出したいということでした。2点目は，先ほどの新田先生のお話のなかで，この分析法は「研究する人間の視点」を重視するとありましたが，臨床家のキャリアや問題意識を持ち込める余地がある分析法であるということで採用しました。3点目は，かなり限られた領域の動的なモデル，プロセスを含みますので，今回のような領域密着型に合致している分析法であるという点です。4

点目は，これも先ほど新田先生からお話がありましたが，モデルを1回つくってそれを現場で実践してみて検証していくという点です。PDCAサイクルをこの分析法は内包していますので，現場で役立つ領域密着型の研究に適しているものと考えました。5点目は，M-GTAでは社会的相互作用を大事にしているという点です。あとの結果図でも出てきますが，対象者については，例えばキャリアカウンセラー，家族，会社の同僚など，複数のソーシャルサポートの支援を受けているという姿が描き出せましたので，この分析法を採用しました。6点目は，多くの語りを含んでいるという点です。面接調査した結果の語りを切片化してしまうと，どうしても内的な微細な感情のプロセスが削除されてしまいますので，文脈を大事にするM-GTAを採用しました。以上の6つの観点からこの分析法を採用しました。

　問題と目的については，まず中高年男性失業者が抱えるストレスということで問題点を3点挙げています。1点目は，雇用環境悪化によるストレスです。雇用環境は今だいぶ改善してきていますが，研究していた2012年当初は失業率が4.5％，有効求人倍率は0.81でした。現在では失業率が3.7％，有効求人倍率は1.10と好転してきているのですが，当時は厳しい雇用環境でした。さらに，長期化している失業者についてはあまりパーセンテージが変化しておらず，失業者のうちの4割くらいが長期化してなかなか仕事が決まらないというストレスが高い状況におかれているというのが現状です。2点目は，大幅なキャリアチェンジによるストレスです。中高年失業者が同業界，同職種で就職することはかなり困難です。したがって，いわゆるキャリアチェンジ，他業界，他職種へ再就職するケースが多くなっています。さらに，正規社員から非正規社員へという大幅な雇用形態の変化にも遭遇しています。例えば，大企業で管理職を経験した中高年男性失業者がマンションの管理人や警備職になるというケースは多く，私もこのようなケースをたびたび支援しております。そのようなキャリアチェンジでは，1千万円を超える収入の方が2百万円台になるなど，3分の1や4分の1くらいの収入に劇的に変化するケースも多いです。3点目は，中高年特有の問題によるスト

レスです。家庭の問題や親の介護の問題，夫婦仲の関係や離婚などがあり，特に最近直面するのが介護の問題です。再就職活動している最中に親の介護が必要となったというケースに遭遇することが多くあります。このように，中高年男性失業者は多軸のストレスに曝されていますので，それぞれの状況に合わせた心理的援助が必要だと考えられます。

　以上の問題点から，研究目的としては，再就職支援会社で支援を受けている精神疾患を抱えた中高年男性失業者が，現在の失業をどのように体験しているのかを明らかにすることといたしました。

　先行研究はかなり少ないのですが，本日ご参加の廣川先生の論文ですと，外資系出身者を対象として，失業体験をポジティブに捉える層とネガティブに捉える層に分類して心的プロセスの研究をされています（廣川，2010）。また，指定討論者であります高橋先生は，これも M-GTA の研究ですが，NPO において支援を行っている人へのインタビュー調査を元に概念をご提示されています（高橋，2010）。しかし，精神疾患を抱えながら再就職活動中の方にインタビューして，その体験に関する研究というのは皆無でありまして，そういう意味では新しい探索的な研究が必要だったいうことになります。

　次は方法です。調査対象者（**スライド①**）は，お手元の資料の方に詳しい対象者が載っていますが，10 名の方を対象としました。再就職支援会社で支援を受けている中高年男性失業者のうち 40 代，50 代の男性失業者，さらに，調査時にうつ病などの精神疾患を患っていて治療中の方を対象者として設定しました。ただし，このうち 1 名の方については，『在職支援』という，会社に在籍したまま活動するという特殊な形態だったために，語りを聴いてみるとやはり質的に違うものであったことから残り 9 名を最終的に分析対象者として設定しました。インタビューガイドを基に半構造化面接を実施し，倫理的配慮もしました。病名としては，うつ病や適応障害，不安障害，また統合失調症の人もインタビューしました。統合失調症の人ははじめは質的に語られる内容が違うのかとも思ったのですが，モデルのなかに収まるようなデータが収集できましたので分析対象者に加えました。

スライド①

調査対象者（10人）一覧（うち，分析対象者9人）				
	年齢	家族構成	主な職歴	病名
A	40代前半	独身。実家に同居	SE・PM	うつ
B	40代後半	独身。独り暮らし	法人営業・証券会社（内資・外資）トレーダー・市場分析	適応障害
C	40代前半	独身。独り暮らし	SE	不安障害
D	50代前半	妻，子ども1人	商品設計・設計マネジメント・海外拠点立ち上げ	うつ
E	50代前半	妻，子ども1人	法人営業・カウンセラー・教育研修企画	うつ
F	40代前半	独身。独り暮らし	修理・保守点検，品質管理	統合失調症
G	50代後半	妻，子ども2人	営業，人事，広報	うつ
H	50代前半	妻	知財・資材調達	うつ
I	50代前半	妻，子ども3人	商品企画，営業，サービスエンジニア	うつ
J（※）	50代後半	独身。独り暮らし	機械技術者	うつ
※分析対象外				

　M-GTAでは分析テーマと分析焦点者の2つを軸に分析を進めていきます。分析テーマとしては，「再就職支援会社で支援を受けている精神疾患を抱えた中高年男性失業者が発症から再就職に向けて直面する現実を受け入れていくプロセス」ということで，精神疾患の発症の時点から再就職に向けて活動していくプロセスを分析テーマとして設定しました。また，分析焦点者は，「再就職支援会社で支援を受けている精神疾患を抱えた中高年男性失業者」ということになります。

　実際の分析のプロセスをご説明いたします（**スライド②**）。まずは，分析テーマに照らし合わせて9名のデータを読んだのですが，そのなかでも特に豊富に語られた方のデータから分析を始めました。分析テーマ，分析焦点者を基に重要な文脈を抽出してその意味を解釈しながら概念形

スライド②

> **M-GTAの分析手続き**
>
> 1 分析開始
> 　分析テーマと照合し，収集データの内，最も豊かな語りが得られたものから分析を開始。
> 2 データ抽出
> 　分析テーマ，分析焦点者を念頭に，最初に重要と思い，着目した文脈の語りを検討し，その意味の解釈に沿って他の文脈や他の人の逐語データについて類似例，対極例を検討。
> 3 概念生成
> 　分析焦点者の内的体験を解釈。該当するヴァリエーションを抽出し，それらを総称する定義を記述し，概念名を決めて分析ワークシートに記述。
> 4 分析ワークシート作成
> 　抽出したデータをヴァリエーション欄に記載し定義づけ。理論的メモには疑問点や解釈した内容，浮かんだアイディアなどを適宜記入。研究者の思考の"見える化"を図る。
> 5 カテゴリー生成
> 　概念の解釈や概念間の比較検討を繰り返し，カテゴリー，コアカテゴリーを生成。
> 6 グループスーパーバイズ
> 　研究者の思い込みや恣意的な解釈を防ぐため，週1回のゼミの場で，指導教授，共同研究者を交えたグループスーパーバイズを実施。概念，カテゴリーなどの妥当性を検討。

成をしていきました。それを分析ワークシートという形で外在化させて，バリエーションを並べながら概念化していくという作業を通じて研究者の思考の『見える化』を図りました。

　お手元にある分析ワークシートがその具体例です。本研究では概念が29になりましたので，分析ワークシートも全部で29枚となります。次に，概念間の関係性を見ながらカテゴリーを設定しました。ここで，研究者の視点が思い込みにならないように，毎週1回ゼミで指導教授や共同研究者とスーパーバイズを繰り返し行うことで，概念，カテゴリーなどの

スライド③

分析ワークシートの例　概念名「蓄積された覚悟」	
概念名	蓄積された覚悟
定義	うつ病等の精神疾患の発症を契機として，会社からの低い評価や上司の無理解等の経験を積み重ねる中で，リストラに対する覚悟が徐々に醸成されていくこと
バリエーション	D3：確かにその休職したことがあったりとかそういうことがあったので，ある程度まあ覚悟はしていたというか。ですから，その選ばれたことに対して自体はあまりショックはなかったんですけれども。 C18：これはだめだという見られ方をして。自分でも俺はだめだっていうんでずーっときてたんで，まあ「いよいよ来たか」という感じがちょっとしましたですね。
理論的メモ	20120630：精神疾患を患った本人としては，会社側から，今後の働き方について相談があることをある程度予想している。したがって，ショックをあるものの，受け止めるだけでのレディネスはできている。そういう理由もあって，退職後，次の再就職活動に向けての気持ちの切り替えは，比較的早い段階で行われている。また，感情の落ち込みの度合いも意外に少ない。そもそも会社，および，仕事に適応できていないという思いもあるので，このようなストレスから解放される「ほっとした気持ち」も同時に感じているところに特徴がある。 20120806：退職を受け止める準備を表現するこの概念は，精神疾患を抱えた人【ならでは】の特徴だと思う。精神疾患を患っていない人は，リストラを「不条理な」こととして受け止めているが，この人たちはレディネスができている。それが安堵感に繋がる流れがある。大きな流れでいうと，このレディネスがあるから，「仕事中心の物語の転換」につながり，心身に負担がかからない仕事を選ぶことにも繋っている。

妥当性を検討しました。これが，実際の分析ワークシートの例です（**スライド③**）。概念名は〈蓄積された覚悟〉とありますが，例えばこれはDさんという割と豊富なデータを語られた人なのですが，この人の「確かにその休職したことがあったりとかそういうことがあったので，ある程度まあ覚悟はしていたというか。ですから，その選ばれたことに対して自体あまりショックはなかったんですけれども」という語りにあるように，会社を辞めざるを得ない対象になったことについて，あまりショッ

クはなかったと語っています。私としては意外なデータだったのですが，ここに着目してデータを抽出してバリエーションを並べました。そのなかから概念化されたのが，最終的には〈蓄積された覚悟〉で，定義は「うつ病などの精神疾患を契機として，会社からの低い評価や上司の無理解などの経験を積み重ねるなかで，リストラに対する覚悟が徐々に醸成していくこと」となりました。さらに，理論的メモに，「退職後，次の再就職活動に向けての気持ちの切り替えは，比較的早い段階で行われている。また，感情の落ち込みの度合いも意外に少ない。そもそも会社，および仕事に適応できていないという思いもあるので，このようなストレスから解放される『ほっとした気持ち』も同時に感じているところに特徴がある」と記載していますが，9名ほぼ全員に「ほっとした」や「解き放たれた」という語りがありました。したがって，リストラされたショックもあるのですが，気持ちとしては意外に覚悟があるということがこの研究から分かりました。このような形で研究者の思いを分析ワークシートに載せながら整理をしていき，最終的には概念という形にまとめいくということになります。

　結果と考察です。結果図（**スライド④**）は，3つのコアカテゴリーと9つのカテゴリー，そして29の概念で構成されています。まず全体のストーリーラインですが，結果図についてコアカテゴリーを基に説明したものです。読み上げてみますと，「再就職支援会社で支援を受けている精神疾患を抱えた中高年男性失業者が発病から再就職に向けて直面する現実を受け入れていくプロセスは，所属していた会社組織において精神疾患の発病を契機に，組織，仕事から引き剥がされる体験を経るなかで自らリストラ宣告を受けて，【覚悟と不安を抱えながらの再就職の準備】をして再就職活動に臨み，精神疾患の【再発の不安により選択肢が狭まる辛さ】を抱えながらも，家族，仲間，およびキャリアカウンセラーなど，信頼できる【限られたソーシャルサポートの支え】を受けて，自らの仕事観などを転換しながら直面する厳しい現実を受け入れていくプロセスである」となりました。

　これをコアカテゴリーごとにもう少し詳しく考察しますと，発症を契

スライド④

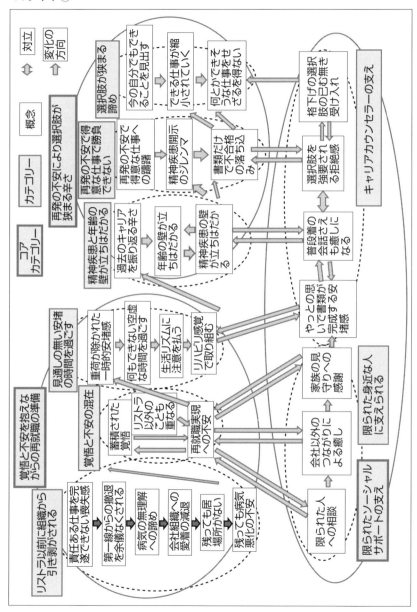

スライド⑤

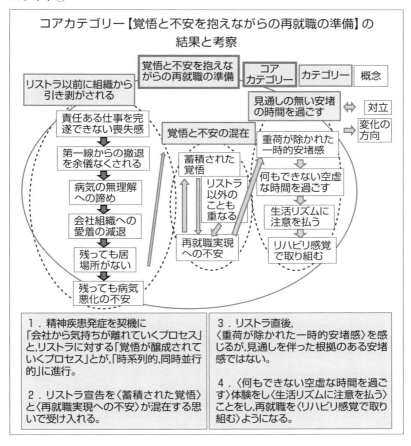

機に組織から引き剝がされるという気持ちが離れていくプロセス，これが覚悟につながるプロセスであることがここで分かりました（**スライド⑤**）。リストラを宣告されたときには，覚悟と，一方で再就職できるのだろうかという不安，これらが混在した気持ちがひとつの特徴として挙がりました。先ほど指摘したように，退職後の一時は解き放たれた解放感，一時的な安堵感のようなものがあるのですが，これは展望がある安堵感ではなくて，鎖から解き放たれたような安堵感です。何もできない空虚な時間を過ごして，徐々に再就職支援会社に通いながらリハビリ感

スライド⑥

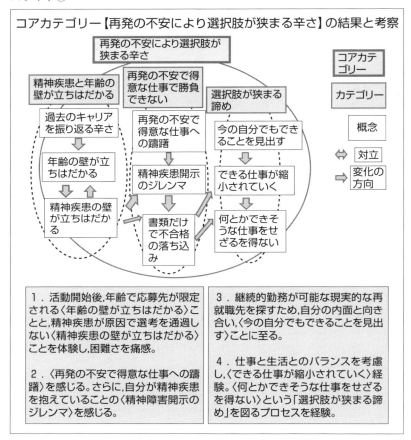

　覚でリズムを取り戻していくというプロセスが抽出されました。
　その後，実際に再就職活動を始めますが，精神疾患と年齢の壁が立ちはだかるということになります（**スライド⑥**）。求職市場では中高年に選択肢が狭まり再就職が厳しいということと，精神疾患を抱えているのでさらに選択肢が狭まるという両方の壁が立ちふさがります。一方で，再発の不安があるので，自分がやりがいを感じられる仕事に就けない，応募できないという葛藤も抱えます。また，精神疾患ということを告知しようかどうしようかというジレンマも発生します。さらに，書類選考

スライド⑦

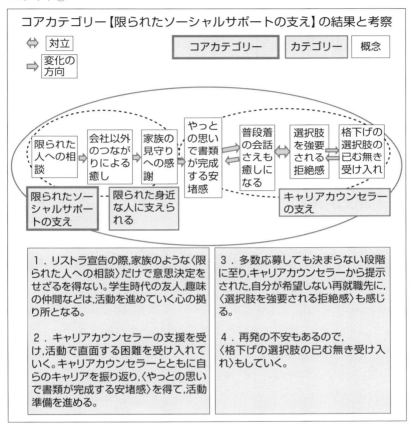

でなかなか受からないという不合格の落ち込みを体験します。そのような経験を経て，自分ができることは何なのかということをキャリアカウンセラーと一緒に見出していきます。できる仕事は狭まっていくが，何とかできそうな仕事をせざるを得ないという諦めにつながっていきます。この人たちはまだ再就職が実現できていないのでこのプロセスで終わっています。

　一方で，それを支えるプロセス，限られたソーシャルサポートの支え（**スライド⑦**）ということで，辞めるときも限られた人にしか相談でき

スライド⑧

> **総合考察**
>
> **1 多軸の喪失感を受けとめながらの支援**
>
> 　精神疾患が理由で第一線の仕事から外されてしまう仕事軸の「喪失感」や，長年愛着をもって所属してきた会社という場を失う，会社軸での「喪失感」など，多軸の「喪失感」を受けとめながらの支援が必要。
>
> **2 〈今の自分でもできることを見出す〉支援**
>
> 　これまでのキャリアの振り返りによる，〈今の自分でもできることを見出す〉プロセスが，多軸の喪失感や再発の不安を抱えながらも，自己肯定感をもって再就職活動に臨める原動力になる。
>
> **3 ソーシャルサポートが限られていることを意識した支援**
>
> 　精神疾患の発症を契機に，社内外の交友関係が減退するなか，ソーシャルサポートの担い手のなかでもキャリアカウンセラーの役割は大きい。
>
> 　キャリアカウンセラーの様々な支援は，〈再就職実現の不安〉や精神疾患の再発の不安など，多軸の不安を抱えながら再就職活動をしている中高年失業者への心理的援助につながっている。

ないということです。会社以外のつながり，大学時代の同級生などがサポートとなります。あとは家族の見守りに感謝するということです。キャリアカウンセラーの支えとしては，昔のことをなかなか思い出せないので書類が作成できないというジレンマを抱えながらやっとの思いで完成する安堵感や，キャリアカウンセラーとの普段の会話に癒しを感じることなどです。一方で，キャリアカウンセラーから警備職など意に沿わない仕事を紹介されるということに対しては葛藤が生まれるということになります。このようなプロセスとなります。

　以上から分かったことは（**スライド⑧**），1点目は，様々な喪失感を受けとめながら支援する必要があるということです。これは結果図を見ながら分かったことです。2点目は，今の自分でもできることを見出す支援です。例えば，営業で実績のあった人が，営業の仕事には就かないのですがコミュニケーション能力を活かしてマンション管理の仕事を精一杯やるなど，自分のできることを見出す作業を周りのサポートとともに進めていくということになります。3点目は，限られたサポートという

スライド⑨

課題と今後の展望

■課題
1　限定された範囲でのモデル提示にとどまる
　再就職支援会社の支援を受けている，精神疾患を抱えた中高年男性失業者という，限定された範囲におけるモデルの提示にとどまっている。
2　支援する側のモデル提示ができていない
　再就職支援会社のカウンセラーなど支援をする側の調査は行っていない。
3　再就職支援会社という限られたフィールドでのモデル提示にとどまる
　再就職支援会社という限定されたフィールドにおける，失業体験のプロセスのモデルの提示にとどまっている。

■今後の展望
1　他の障害を抱えた失業者に研究対象を広げる
　研究対象を広げ，聴覚障害など精神障害以外の障害を抱えた人の失業体験も検討する。
2　家族など，支援する側に関して研究対象を広げる
　研究対象を広げ，中高年男性失業者を支援する側である，家族等の調査も実施し，支援を受ける側と支援する側の相互作用も扱い，立体的なモデルも検討する。
3　再就職支援をしている他組織に研究対象を広げる
　研究対象を広げ，精神障害者専門の人材紹介会社など，中高年男性失業者の再就職活動を支援する他のフィールドにも調査対象を広げる。
他フィールドにおける失業体験のモデル，および心理的援助のモデルの特徴などを比較検討することにより，中高年男性失業者への支援の視点が増え，支援の精度が向上することが想定される。

ことをキャリアカウンセラー側が意識するということです。様々な不安感を受けとめながら，再就職の現実的なサポートだけではなくメンタル面のサポートも行っていくという視点がキャリアカウンセラー側にも大事ということです。課題と展望につきましてはここに示したとおりです（スライド⑨）。

　まとめになりますが，再就職支援を受けている精神疾患を抱えた中高

年男性失業者という,かなり限られた対象のなかでのモデル化という部分で,M-GTA という手法が有効に働くのではないかということでご紹介させていただきました。ご参考にしていただければと思います。どうもありがとうございました。

森口　どうもありがとうございました。急がせてしまって申し訳ございませんでした,もっとゆっくりお聴きしたかったです。M-GTA という方法論にそって研究を進められて,そのなかでいろいろな発見があったというそのプロセスが深く感じられたのではないかと思います。お聴きしていて,本当に切なさを感じてしまったのは私だけではなかったのではないかと思います。貴重なお話ありがとうございました。

【文　献】

廣川進 (2010). リーマン・ショック後のリストラ失業の語りを聴く──失業が本人の心理と周囲に与える影響. 日本労働研究雑誌, **52**(5), 48-57.
高橋美保 (2010). 中高年の失業体験と心理的援助──失業者を社会につなぐために. ミネルヴァ書房.

第5節　指定討論

高橋美保（東京大学）

森口　それでは指定討論に入ります。東京大学の高橋美保先生にお話を伺いたいと思います。高橋先生,よろしくお願いいたします。

高橋　今ご紹介に預かりました東京大学の高橋です。よろしくお願いいたします。今までの3名の先生方のご発表があまりにも盛りだくさんで私もまだ十分消化できていませんので,是非皆様と一緒に消

化していきたいと思っております。まずはモデルを整理していく役割を担いながら，私も分からなかった点を先生方に伺っていきたいと思っています。

　今回お話をいただいたときに，産業領域でモデルをつくっていくということについてやりたいというお話をお聞きして，とても面白いことだと思いました。そこで，私なりにモデル化についていろいろ考えたことを今からご提示させていただきたいと思います。個々の実践は皆様されていると思うのですが，そこには当たり前ですが普遍的な要素と特異的な要素があり，おそらく普遍的な部分がモデル化されていく部分だと思います。さらに，普遍的なものもよく見るといろいろな種類があるのではないか，と以前から思っていました。これについては，異論もおありかと思うのですが，私は以下の3つの種類があるように感じています。

　まず"何"をモデル化するのかというと，それは内容です。例えば，惨事ストレスであればPTSDにはこういうアプローチがよいとか，例えば心理療法であったり，内容というか関わりそのものの中身，つまり，コンテンツというものがあるのではないかと思います。もうひとつは，今日のお話で私もとても勉強になったように思うのですが，ノウハウというか"方法論"です。その組織のなかにどのように入っていくのか，これはまたコンテンツとは違うのではという気もしています。もちろん，コンテンツを使いながら組織に入るのですが，アプローチの仕方というのでしょうか，そういった枠組みのところもモデル化できるのではないかと思います。さらにもうひとつ，今日のお話をお聞きして改めて重要だと思ったものがあります。ここにいらっしゃる多くの方々は多分心理援助職の方々であると思うのですが，実はそれだけではなくいろいろな"役割"を担われているということです。私たちは，個人臨床で「臨床心理士とはこういう人です」と言われると，「そうならなければいけないのかな」と思うのですが，そこに組織が入ったときに，通常の個人臨床のモデルだけでは立ち行かないという感覚を産業臨床に携わっている方はおそらくおもちではないかと思います。ただ，モデルがなかなかないのです。何をやったらよいのか，どうしたらよいのかということについ

スライド①

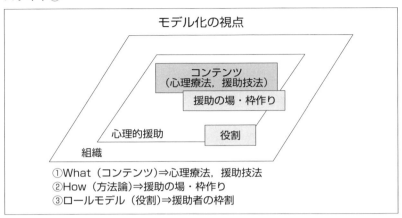

て言葉でスパッと言えるものがないので，少しやりすぎてしまうと，個人臨床からはみ出ているのではないかとか，これはカウンセラーとしてあるまじきことなのではないかといった不安も出てきてしまうこともあるかと思います。そんななか，今日の先生方のお話では，いろいろなロールモデルをご提示いただいたように思っています。

　モデル化については私もしっかり勉強してきているわけではないのですが，常々このように3つの種類に分かれるのではないかと思っています。個別性が高い場合，例えば海上保安庁など対象が特異だと，コンテンツの部分は例えばメーカーや銀行に対しては使えないということはあるのではないかと思います。しかし，方法論や役割・ロールモデルのようなところはすぐ使えることもあるのではないかと思います。

　これは今のお話を図（**スライド①**）にしてみたものです。外枠が大きな組織という世界だとすると，私たちは組織のなかに心理的援助を入れていくわけです。そのときに携えていくのはおそらくこのコンテンツ，「私たちはこれができます」という中身になります。しかし，それをやるための土壌づくりとして方法論を用いていかなければならないということもあります。さらに，そのときに何者としての役割を担うのか，というところを絵にするとこのようになるのではないかと思います。

スライド②

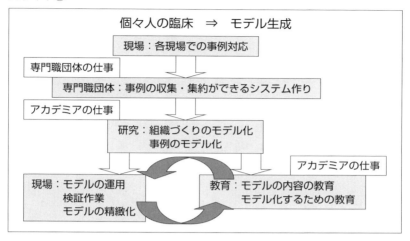

　先ほどもお話しした通り，私が産業臨床のモデルがとても面白いと思ったのはなぜかというと，"やりたいけど難しい"からです。なぜ難しいかというと，これは皆様もお感じのところだと思いますが，そもそも企業というのは内部の情報をなかなか外部に持ち出すことができないというところがあり，個々の蓄積はできても横断的に共有してオープンに語ることが難しいということです。また，先ほど言ったとおり，業種や職種などいろいろな個別性があるので，汎用性に限界があるということです。さらに，横の関係が乏しいということも感じています。だから今日のような機会は本当に貴重だと思うのですが，同じような職域で働いている心理職自体の横の関係がつくれるとよいと思っています。こうしたときに，このようなモデル化は難しいと言っているだけでは話にならないので，そうした困難を超えていくときに，職能団体，例えば産業領域のこのような企画であったり，あるいはアカデミアですね，大学で研究するといったように，いったん第三者的立場で情報を引き上げていくような社会的な構造を使っていく，またその構造を改善していくことによって，その可能性をブレイクスルーできるのではないかと思っています。

　これも絵（**スライド②**）にしてみたのですが，おそらく先生方は各現

場で事例を頼りに対応されていると思うのですが，そこで職能団体が介在することによってこのように横で情報が集約できる，さらにそれをシステム化できると思います。また，そこで出てきたデータをきちんと分析するということも大事です。先ほども馬場先生が M-GTA のお話をとても丁寧にしてくださいましたが，研究に落としていくことによってそれがモデル化につながり，それをまた現場に戻して検証をしてさらにモデルの精緻化もしていきます。私は今大学にいますので，私の立場からすると実はこれを教育に入れたいという想いをもっています。産業臨床は若い人には難しいとよく言われますが，それは私たちがコンテンツをうまく提示できていないからで，また，コンテンツだけではなく関わり方であったり役割であったり，そのようなところをきちんと整理して教育に落としていくことが本当は必要だろうと思っています。

　そして教育と現場がまた循環するようなイメージをもっています。そうしますと，今ここに専門職団体の仕事と書きましたが，このような機会をつくっていただいたり議論したりする場を設けていただくことはとても重要ですし，アカデミアの仕事も重要になるのかなと思います。現場とアカデミアと専門職団体がよい連携をしていくことが，モデル生成には必要ではないかと思っています。

　ここまでモデルの話ばかりしましたが，このように整理をしながら3名の先生方のモデルを分類してみますと，新田先生のお話は"実証的な実践"なのだろうといえます。実践なのですが，実証も意識されており，PDCA サイクルを導入していらっしゃいます。次に廣川先生がお話になったのは，海保をフィールドとして"組織へのコミットメント"をどうやって行うのか。また，馬場先生のお話はおそらく今後，この調査結果をどう使うかがとても重要だと思うのですが，視点として面白いところは"キャリアとの接点"かと思います。なかなか従来の臨床モデルにはない，必要だけれどもなかなか難しいところを先生方が果敢にチャレンジされていると感じました。そしてまた，そこから学ばせていただくものになっているように思います。今からこの3つの枠組みにそって簡単なコメントと質問をさせていただきたいと思います。

まず新田先生について，先ほど実証的な実践だとお話ししましたが，お話を伺って思ったことは，"役に立つことを示していく"ことが導入段階でいかに重要であるかということです。つまり，エビデンス・ベースドの必要性です。ただ，実際にそこまでエネルギーを使うのはなかなか難しいと思います。やった方がよいとは思うのですが，それがなかなか難しい。それをきちんとなさっているのはすごいと思います。また，それを関係者への説明責任としてきちんと果たされており，組織がクライエントでありまた協働者でもあるというスタンスをとても感じました。そして，お話を伺っていて私が感じたことは，先生は経営効率をきちんと意識されていて，組織の目標に沿うことを戦略的になさっているということです。これはとても重要なことだと思いました。さらに日常臨床に無理なく実証を取り入れていらっしゃるという点もとてもよいと思いました。ここで無理なくというのは，PDCAもガチガチに行っているというよりは，おそらくトライアル・アンド・エラーのなかでつくっていかれたという感じがします。

　もうひとつ，これは産業臨床だけではないですが，当たり前ですがまったく同じ組織はほとんどないので，どこの現場の先生方もおそらく自分でモデルをつくるということをされていると思います。組織のニーズと風土を理解し，試行錯誤をされているという点で，高いクリエイティビティがあります。あれもしてみよう，これもしてみようとか，それをまた人を巻き込んでやっていこうということをされているのだと思いました。これは個人臨床の専門性そのものだと思います。組織だ個人だと分けて言われますが，実は組織の臨床は個人臨床の力をもってしてできることなのではないかと思います。先生のお話は，先ほど私がお示ししたコンテンツと方法論と役割という3つのモデルにそって考えると，実践内容としては組織の動きに応じたご提案をされていて，方法論としては例えば勉強会に発展されたなどのお話はとても面白く，完全に周囲を巻き込んでいらっしゃいます。この構築のされ方がすごくお上手でとても学ばせていただきました。またチェンジ・エージェントという言葉を使われました。しかも，中立であるけれども個人的に飲みに行くといった

ようなバランスの使い分けをされている点が見事だと思いました。

　駆け足になって恐縮ですが，ここで先生へのご質問としては，先ほど実証的な実践をされていると言いましたが，依頼者が会社であるというときに，クライアントのニーズ，つまり社員のニーズとの温度差はないのかという点です。これは多くの先生が経験されていると思うのですが，研修は人事などはやれと言いますが参加者はまったくやる気がないといったようなギャップについて，どのようにお感じになられて対処されてますでしょうかというのが1つ目です。2つ目は，方法論ですが，先ほど言ったようにとてもうまく組織にカウンセリングを導入されているのですが，見える仕事としてのPDCAを企業と共有されたのかどうかということです。心理職側の内々のものなのか，あるいはもう少しオープンな形で一緒につくっていくところまでされたのかどうかです。このやり方には是非もあるとは思いますが，先生のご意見をいただければと思います。3つ目は，チェンジ・エージェントについてです。これは1つ目の質問と関係するのですが，カルチャーへの同化と異化ということがおそらくあるかと思います。企業のカルチャーや価値観に乗っていくものの，やはり同じでは意味がないので違いを出していくことを，先生は見事にやっていらっしゃると思うのですが，その辺りを先生から言葉として教えていただけるととても勉強になると思いました。

　次に，廣川先生の組織へのコミットメントです。この組織へのコミットメントの重要性は，産業領域に関わっている多くの先生方がおそらく感じていらっしゃると思うのですが，心理職全体では「いやいや個人でしょう」と言われる先生もいらっしゃいます。もちろん個人も大事ですが，それが今の心理職の現状かと思います。しかし，組織へのコミットメントが重要だと思ってもそれについて確立した方法論がありません。心理職が大事だと思ってもどうしたらよいか分からないということもありますし，また，組織や周りの人が心理職をどう使ったらよいのかよく分からないということもあります。先生のところにアドバイザーとして依頼が行ったというのはなかなか面白いと思ったのですが，入り口から

何者だと思っていただいているかということ，そしてそれに応えるということ，さらに先生はもう少し開拓をされている気もしまして，向こうの認識に応じつつ，つくっていくということをされていたのではないかと思います。先生のご発表を拝聴し，高い創造性，つまり，アセスメント，コミュニケーション，オーダーメイド，この辺りが本当に見事だと思ったのですが，これも個人臨床の専門性そのものだと思いました。先ほどの3つの分け方でいきますと，先生がご提示されたモデルは，コンテンツとしては先ほどの惨事ストレスや，それを入れていく組織そのものをコンテンツとして入れられたのかなと思います。方法論のところでは，うえの方も含めていろいろな方とのやりとりをしながら，トップダウンを使ってなさってきたのだと思います。役割としては，やはりコンサルタントということを意識されていると思います。

　ここでご質問させていただきたいのが，1つ目は，個別性が高いと難しいとは言いつつ，先生のつくられたモデルのなかでここは普遍的に使えるというところがもしあれば，先生のお考えを教えていただければと思います。2つ目の方法論の構築のところでは，個人的なやりとりや，つくられたときの先生ならではの独特の方法論などを意識されていれば，それを教えていただきたいと思います。3つ目は，奇しくも先生が最初におっしゃったことですが，いくつかの役割があり，向こうからはアドバイザーと言われていて，一方で，先生はコンサルタントを意識されて，しかもカウンセラーもしていました。必ずしも分類する必要はないと思うのですが，ちょっとコンフューズするというか，ご自分でも多少混乱されることはなかったでしょうか。向こうにもどう思ってもらうかなど決まったものはないなか，先生はこの関係をどう認識され，どのように使い分けをされていたのかについて伺えればと思います。

　最後に馬場先生ですが，"キャリアとの接点"という点がとても面白いと思ったのですが，これはコンテキストを理解するということ，長期的な視点，価値観の重視が関係します。この方はどういう人生を歩いてきて今どういう生活のなかで就活をしているのかというライフとのバラン

スを理解するということです。例えば認知行動療法は役に立ちますが，やはり小手先の認知や行動の変化ではどうしようもないレベルの問題があるということです。人生相談のような状態は，実際の臨床ではよくあることだと思います。ただ，このような臨床は若い方や初学者の方には心理的負担が大きいと思います。「人生どうしますか」「この決断どうしますか」と言われたときに，多分ぞっとして，こういった問題に携わってしまったことに不安を感じると思います。しかし，それは実際に求められることですし，応えていかないといけないところかと思います。そのようなときに，この人はどのように生きてきたのかという想像する力，イマジネーションや柔軟性，またはバランス感覚のようなものが必要だと思います。先生のご提示されたモデル，これをコンテンツ，方法論そして役割に分けてみると，精神疾患を抱えた中高年失業者の方への心理的援助のモデルはコンテンツそのものだと思います。方法論として面白いと思ったのは，先生はその会社に勤めていらっしゃるという点です。そこに調査研究を導入したのがとても面白いと思っています。また，役割については，キャリアカウンセラーだけでなく，研究者の役割をご自分の職場でもたれたところが興味深いと思っています。

　それらに関する質問として，先ほどのM-GTAのなかで，研究しないと分からなかったところは何かを伺いたいと思います。もちろん，あえてデータで示すのもよい研究なのですが，例えば精神疾患患者に特有の結果など，これは研究しなければ分からなかったというようなことがもしあれば簡単に教えていただければというのが1つ目の質問です。2つ目は，調査をされて，その結果を現場に使う予定や，あるいは実際に使われたのかなど，研究から実践へのつなぎ方を教えていただければと思います。3つ目は，これはちょっと細かい話で恐縮なのですが，M-GTAをするときにインフォーマントが誰に喋っているかはとても重要だと思います。インフォーマントの方はどういうつもりでお話をされていたのか，例えばカウンセラーとしての先生のクライエントだったりすると役割が2重になるのではないかと思いますが，その辺りはいかがでしょうか。また，この研究をやらせていただいた企業の研究に対する理解はどうで

したでしょうか。組織が研究をどう捉えるのかはとても重要だと思います。この辺りも各先生方にご意見をいただけると私は理解が深まります。フロアの先生方も共通して思われるところもあればと思いますので，是非ご意見をいただきたいと思います。すみません，長くなりました。

森口　高橋先生，ありがとうございました。本当に今日の3名のシンポジストのお話を包括的に捉えていただきました。シンポジストの先生方にはこちらの方にご登壇いただいてお座りいただけるでしょうか。

　大変な宿題をいただいたと思っております。大きな宿題ですが，各先生に与えられたお時間は5分ということでございますので，ポイントを絞ってご回答いただけたらと思います。では，松井先生よろしくお願いいたします。

松井　3名の先生方に3題ずつ高橋先生からのご質問がございましたので，新田先生から順番にお答えいただけますでしょうか。

新田　高橋先生，重要な質問をしていただいて，さすがに切り込みが鋭いなと，さすがだなと感心しております。答え甲斐があるご質問をいただき嬉しく思います。まず，依頼者のニーズと対象とされる職員の人たちのニーズの食い違い，例えば研修などはまさにそうなのです。一生懸命こちらはやりますが，しかし，途中で寝る人はたくさんいます。問題はそこです。眠らせないような研修をどう組むかというところにものすごいエネルギーを使いました。そのためにはまさにPlan-Do-Check-Actionです。毎回きちんとアンケートを取って，それぞれそのプログラムに対して，実証といえば実証ですが，参加者の興味度がどのくらいかということについて，必ずデータを取ってどのプログラムが面白いのかを調査します。私は，一方的なレクチャーはやらないようにしています。必ずワークを入れますし，体験的な学習を入れます。それも深刻なワークはやりません。笑いが出て楽しくて面白いワークをどんど

ん入れていきます。私たちはそのようなグループ・アプローチのスキルをもっともつ必要があると思います。参加者を飽きさせない，そして参加者をいきいきとして面白がらせる研修をやる力をわれわれはもつ必要があると思います。このモデルは，私はグループ・アプローチのなかで，また構造的エンカウンターグループのなかで学んでまいりました。参加者のニーズと会社側のニーズをどうすり合わせるか，その間で私がどう Plan-Do-Check-Action をやるかというところが，まさに研修の効果を高めるということにつながります。

　2つ目のご質問ですが，Plan-Do-Check-Action をどこまで共有化したのかというところです。これはまさに，共有できるところは共有しました。それに役に立ったのが勉強会です。これは結果として非常によかったと思います。企業側と相談室というのは気をつけないとお互い疑心暗鬼になります。お互いにケース運営やマネジメントをめぐって「あいつら何をやっているんだ」ということになりかねないところがありますので，とにかく定期的に会って一緒に酒を飲むというのはとてもよいことなのです。まず共有できるところは，例えば，毎月の相談件数ですとか，守秘義務を守りながらケースのことに関しても共有できるところは共有し，また研修でどのような効果があったのか，どのような内容に新人が興味をもってくれたか，新任課長研修ではメンタルヘルスの事例を出してグループディスカッションをするのですが，どのようなところに興味をもったかという点を，アンケートを基に具体的にフィードバックしていきます。そのようなところはこちらの Plan-Do-Check-Action を，どんどん積極的に情報を出して共有化していきました。ただ，こちらが人事課長と一生懸命コンタクトしようとしているとか，こちらが秘めておくべき点はもちろん私のなかで秘めておきますが，共有できるプランに関しては共有していきました。それには，やはり定期的に一緒に会って酒が飲めるということは，非常に意味があったと思います。そのような意味では，ある程度のところまでを共有していけたかと思っています。

　3つ目のご質問についてですが，同化と異化の問題です。これについては，私は常にチェンジ・エージェントとして入るからには，文化葛藤

を問題意識としていつももっていました。私たちは異文化を持ち込むのだということを常に考えていました。同時に，その企業文化になじまなければ私たちは入れてもらえません。その意味でのエピソードとしましては，はじめに入ったとき，そのときの総務部長，この方もキーマンなのですが，総務部長との関係づくりはですね，彼の趣味のカラオケに注目したのです。彼は飲むのが好きな方で，飲んでカラオケやっていろいろな方とコミュニケーションを取るといったマネジメントをされる方でした。私もその文化に合わせました。お陰様でカラオケが少しうまくなったかもしれません。ほんの少しだけ。とにかく，この方の文化に合わせるような形で，私も嫌いではありませんので飲んで一緒にカラオケやって，そういう意味ではキーマンの文化に同化していくということです。ただ，やはり譲れないところがございます。守秘義務の問題です。守秘義務の問題はきちんとしませんと，まして私のように人事総務とお付き合いをしている人間は，「新田は何をやっているのか分からない」というように見られますので，そのようなところはしっかり分けるということが非常に大事なところだと思っています。私は普段はめったに総務部に行くことはしません。総務部と話し合うときには，総務部長であっても誰であっても私が出かけるのではなくて相談室に来てもらうのです。したがって，私が総務部長と何かひそひそと相談しているという場面を職員の方は見たことがないはずです。必ず相談室に来ていただいてお話ししました。その辺りはやはり譲らないところであります。このようにして，守秘義務について話すときも，クライエントの了解のうえでいろいろ共有できるところは伝えていき，「でもこれ以上はお話しできないのです」と言うと「分かった」という話になることがあります。はじめから「これは絶対に譲れません」と言ってしまうと「なんだ」という話になりかねませんが，これだけコミュニケーションしながら「これは守ってほしい」と伝えると，まあ何とかそこの辺りの文化葛藤を調整していくことができるという感じがしました。

松井　はい，ありがとうございました。廣川先生，お願いいたします。

廣川　質問の1つ目が，普遍性と特異性だったでしょうか。直接のお答えになるかは分かりませんが，海保では，ある程度根づいたとはいえ，もっと散々な歴史もございまして，例えば，ある病院と関わりましたが，結局それほど定着せずに終わったということもあります。そうすると，成功する条件とはやはりトップがある程度理解している，トップが「これはこの組織に必要だ」ということを理解している，あるいはキーマンが誰かいる，あるいは支援者，応援する仲間，同僚，このような人たちが増えてくるということが挙げられると思います。このような兆しがないと，やはりひとりでいくらいろいろなアイディアを繰り返しても浮いてしまうというか，組織のなかで認められない，そういう苦い経験もございます。ですから，そこも含めて見立てるというか，呼ばれて行ったときに，この組織で自分がどのくらいまでの役割を果たせるのだろうかという見極めも必要かと思います。あまりストレートなお答えになっていないですね。

　2つ目の方法論のところですが，これはさまざまなレベルでいっぱいありますが，例えば海保の組織でいうと先ほどから言っているように同質性が非常に高い，そのなかで心理職というのは非常に異質なわけですね。ですから，心理職としては普通の常識的なことだと思っても，彼らからするとぎょっとするということもあるので，相手の否定にならないような言い方から入るということです。特に最初のエントリーのときに，脅威に感じさせては協力が得られないということがあります。例えば，惨事ストレスで，何か惨事があって現場にケアに行ったときにまずトップ，そこの署長とか部長に挨拶に行って，「これから私がやることは捜査でもありませんし犯人捜しでもありません。職員のケアのために来ています」ということを真っ先に言います。そうしないと，「本庁から来たこいつがどんな情報をどこに流すか分からない」というような警戒心が真っ先に浮かびますから，そのようなマイナス感情をまず取り除きます。そうしないと，必要な本当の情報が得られません。それから，キーマンを探すというか，志を同じくする人は誰かということが自ずと見えてきます。その人たちと個別のケースをやっていきながら信頼関係をつ

くっていくということです。そうすると10年もいますと，30代だった人もしかるべきポジションに上がっていったりします。それが，全国の課長クラスなどに散らばっていくと，いざ何かがその場所で起きたときに直接電話が来て，「廣川先生，すぐ来てくれませんか？」というようなホットラインができたりします。このように積み上げていって信頼を得るということかと思います。あるいは，尖閣の最前線で新人海上保安官はどんな気持ちでいるかというインタビューをしてきましたが，その最前線の新人のつぶやきを本庁に帰ってきて幹部の方々に「今，現場はこんなふうになっています」と伝えるなど，普通だったら容易にはつながらない声をつないでいくというようなこともあります。そうすると，「ああなるほど，心理職の話というのは現場をケアしてきて，しかもある程度まとめて分析する話が聞けるのだな」というようになって，だんだんと例えば幹部会に呼んでもらってお話をさせてもらうというようなことになったりします。

　3つ目はアドバイザー，コンサルタント，カウンセラーの使い分けに関してですが，確かに惨事ストレス対策アドバイザーという依頼で来ていますが，多分向こうはそれほど考えていない，違いがよく分かっているわけではないと思います。ですから，コンサルタントのなかでもアドバイスもかなり求められているので，アドバイザーとコンサルタントに関しては割と近いと思います。ただ，カウンセラーだけを求めているわけではないということは最初から分かりましたので，そこさえ区別していればいいかと思いました。以上です。

松井　　はい，ありがとうございました。馬場先生，よろしくお願いいたします。

馬場　　私の方から，まず，精神疾患を抱えた方ならではの特徴ということでしたが，先ほど結果図の方でお話をしましたが，当初はですね，やはりリストラされてしまったうえに精神疾患も抱えていてとても辛いのですが，そのなかでも先ほどの覚悟，〈蓄積された覚悟〉と

いう気持ちがあるということがひとつ分かりました．あとは，生活リズムとかリハビリ感覚でということで，うつ病を治すという途上のなかに再就職に組み込むという意識がこの方たちにはあって，もしそこをこちらが汲み取ってサポートすれば，もう少し効果的なことができるのではないかという気づきがありました．
　2点目の現場での今後の活用という点ですが，実際に自社でもこれまでは何も手付かずだったのですが，しっかり調査しようと話し合っていまして，実は私は今40名ほどのクライエントのなかで10名くらい精神疾患を抱えた方を支援しています．さらに，今度は何名かのチームでそういうサポートをやっていこうという体制づくりを始める取り組みに発展しつつあります．
　3点目は，インフォーマントにとっての意味ということでしょうか．私以外のカウンセラーが担当した方をインタビューしたのですが，「実際に語ってみると整理された」ということをインタビューの感想でお話しされていて，実際に活動が進んだということがあります．整理されて前に進む力がわいてきているということです．ですから，過去の整理だとか未来への展望といったようなものがこのようなインタビューによって得られたのではないかと思います．それから企業側の理解ということについては，やはりこういうことに対してまったく手付かずです．実際にはクライエントのうち10％くらいは精神疾患の抱えている方，もしくはそういう予兆のある方なのではないかと今のところ想定しています．しかし，まだそのような調査をしておりませんので，本調査がきっかけとなり企業側の理解を得ていくということになるかと思います．以上です．

松井　はい，ありがとうございました．高橋先生のご指摘に対して，3人の先生からのお答えでした．あとでまた高橋先生にはお話しいただけると思いますが，とりあえずフロアの先生方からのご質問がございましたら，どうぞお願いします．

第6節　質疑応答

松島美由先生　今日は興味深いお話をお聞かせいただきありがとうございました。北里大学で大学の教職員と付属病院の職員のメンタルヘルスを担当しております松島と申します。新田先生にお聞きしたいのですが，個別のカウンセリングですとかコンサルテーションというのはそれなりに何とかなるのですが，先生がおっしゃっていたグループ・アプローチとか研修というのがどうにもうまくいかなくて，自分で勉強したことをそのまま伝えるような，自分で話をしていても眠くなるような研修しかできなくて困っているのですが，どのようにそういうことを勉強していったらよいのかについて教えていただけたらと思います。よろしくお願いいたします。

新田　グループ・アプローチの勉強がずいぶん役に立っています。具体的には，構成的エンカウンターグループです。これはいろいろなプログラムをその場で体験していただくものです。それから，ゲシュタルト療法ですとか，いろいろなワークを使うセラピーで，グループ体験をやっています。そのようなところがヒントになりますし，具体的には，グループダイナミクスの方で，社員研修のところでいろいろなプログラムがあります。今は新しい本がたくさん出ていると思いますが，人事総務が実施する社内研修などに関する本がヒントになります。自分自身のトレーニングの仕方はやはり，グループ・アプローチのトレーニングをまずご自身が体験されることが大事なのではないかと思います。

　次に，どのようなプログラムが参加者にとって面白いのか，次々にアンケートを取ってプログラムを精選していく形がよいと思います。また，これは先生があえておっしゃったことと思いますが，ご自分でも面白くないと思う内容はやはりやっては駄目だと思います。したがって，内容を充実していくというか，それだけの工夫を積極的にするというか。私は，研修をやることは個人臨床と同じくらい大変大事にしています。そ

れから，人事部長と会うことも，ある意味では個人臨床以上に大事にしています。かなり神経を使って，お会いしたあとのアセスメントもきちんとしますし，あらかじめ仮説も立てますし，そのような意味では組織に関わるということは個人臨床と同じくらい時間とエネルギーをかけていることになります。その辺りもひとつコツかなと思いますが，いかがでしょうか。

松島　ありがとうございました。

松井　ありがとうございました。では続いて，ご質問お願いいたします。

藤原俊通先生　陸上自衛隊で臨床心理士としてやっております藤原です。今日は本当に勉強になるお話をたくさんお聞かせいただきありがとうございました。2点質問がございます。まず1点目は廣川先生と新田先生にお聞きしたいのですが，おふたりの先生方はおそらく組織外から専門家として招かれて非常勤という立場で関わってこられたと思うのですが，私は逆に組織内で私自身も自衛官としてずっとやってきた経験をもったうえで心理職としてやってきています。廣川先生がおっしゃっていたコンサルテーションのなかで組織を見立てるというお話は非常に共感したのですが，まさに自分自身が同じ立場で波にもまれながら，分かりすぎるほど分かりながらやっているのですが，そのような意味では，巻き込まれながら本当のところを見立てていくということができるのだろうと，そういうよさがある一方で，特に自衛隊のような階級社会のなかではやりたいことができないとか，上司が替わるとそれまでやれていたことが一気にやれなくなるといったように非常に活動の自由度が制限されてしまうことがあり，嫌気がさしてしまうことも多いです。このような立場でやっているのですが，先生方のお立場から私のような立場を見て，現状のよさを活かしながらこのようにやっていったらどうかとか，何かご助言のようなものをいただけたらと思って

おふたりにご質問させていただきます。

　それからもう1点は馬場先生へのご質問です。先ほどの，覚悟が蓄積されていくプロセスというのを非常に興味深く見ていたのですが，今回の9名の対象者の方は，先ほどあったようにだいたいがおそらく大企業の方で高学歴の方が多いのではと思うのですが，病気の症状の重篤さや程度についてはどのように考慮されているのかお聞きしたいと思っています。おそらくご病気の症状が一時的に重いとか軽いとか，あるいは非常に長期にわたるような休職をしているとかですね，その辺りでも体験していくプロセスというものが結構変わってくるのではないかとも思うのですが，その辺りがこの研究のなかでどのように配慮されていたのかについて教えていただけたらと思います。よろしくお願いいたします。

廣川　難しいご質問ですね。つまり，部内で叩き上げているカウンセラーが階級社会のなかで，上司がちょっと理解が足りないような人のときにどのように維持していくかというようなことでしょうか。

藤原　それに限らず……

廣川　私のように部外者ですと，後腐れがないと言いますか，ある程度険悪な感じになっても「また来週」みたいな感じで逃げられるわけですが，これがずっと毎日顔を突き合わせているという関係性を考えると，なかなか大変だと思います。ひとつはやはり覚悟というか，心理職というのはもう恨まれたり嫌われたりするものだと思います。理解のない上司に対しても言うべきことは言ってしまいますかね，もし私が部内にいたとしてもですね。それは，一般の人が言えない部分を言うという役割を引き受けるしかないのではないかと思います。それで飛ばされたら飛ばされたで，それもそこまでの組織だと言えるくらいに組織を突き放すというかですね。組織のなかにいたときは組織がすべてだったのですが，1回でも会社を辞めますと，組織というものを外から見て，「あ，組織って変われる」と考えることもできるようになるわけです。

公務員はまた難しいのかもしれませんが，組織を相対化してみるということがあるかと思います。もちろん，ミクロな方法論で言えば，その上司がどのような人かとか，その人の抱えている問題などからこのように押したらもう少し通りがよいのではないかとか，まさに上司のアセスメントとそれを踏まえたアプローチということになるのかと思います。あまりよい答えではありませんね。新田先生いかがでしょうか。

新田 やはり非常勤ならではのメリットというのは，正直言いまして大変あります。外から見ていると，組織として「おかしいな」「こんなの非常識だな」と思うことはいくらでもあります。しかし，おそらくそれが通用しているというのは，逆にそれを成り立たせる裏の事情があるのだと思います。そのようなときには，知らん顔してさらりと「変ですね」と言ってしまうこともあります。これは外部の人間だから言えることです。内部だと分かっていてもそんなこと言えませんが，外部だととぼけて「おかしいですね」と言えてしまいます。このようなところが非常勤のひとつのメリットです。

　それから，先ほどおっしゃっていた，上司が替わるとやり方が変わるというのは非常勤も同じでした。部長職が替わったときは，先ほど言いましたが，その部長がリストラに対してタカ派なのかハト派なのかは，かなり慎重にアセスメントさせてもらいました。リストラに関してタカ派の部長というのはおおむねメンタルヘルスを嫌いがちですね，だいたいの傾向としての話ですが。学校の厳しい生活指導の先生のようなものでしょうか。一方で，ハト派の方は比較的われわれを大事にしてくれました。面白いことに，ハト派がくればその次はタカ派のように企業も適度にチェンジさせているようでした。観察しているとそのような変化のシステムがあるような気がします。これはわれわれもやったことなのですが，内部にいる方もできるのではないかと思いますが，ハト派の人事部長が来たときには思い切ってやろうと思っていたことを一気にやる，タカ派のときは風雪を耐えてしのぐということです。所詮は3〜4年経てば替わりますから。この臨床現場は，交代していく管理職よりもわれ

われの方が長く務めることができるのです。大変なタカ派の部長は，それこそこちらがご進講しようと思っても会ってもらえないのですね。まあそのような方にも手法を変えてアプローチするのですが，どんなに厳しくやられても3〜4年経ったら交代ですから。その時期はこちらが耐え忍べばよいと考えました。というような感じでいかがでしょうか。

藤原　ありがとうございました。

松井　それでは馬場先生よろしくお願いします。

馬場　病的な重篤度についてご質問いただきましたが，対象者につきましてはまずは主治医から了解をもらっているということと，実際に来談が定期的にできているということと，本人の再就職の意思があるということで，過去には何回か休職された方もいらっしゃいますが，インタビューした時点で言いますと，ある程度重篤な状態は脱して回復傾向にある方々の1群かと思います。実際にインタビューは40人くらいにオファーしたのですが，そのなかの10人ということになります。つまり，30名くらいの方はまだ症状が重くインタビューに答えられない状況であり，逆に10名の方はインタビューに答えられる状況の方々であったということになります。以上ですが，よろしいでしょうか。

藤原　ありがとうございました。

松井　はい，ありがとうございました。お時間の関係上，あとおひとりだけご質問をお受けできます。

藤代富広先生　警察庁でメンタルヘルスや惨事ストレス対策の企画を担当している藤代と申します。お時間がございませんので，御礼を兼ねて一言感想だけ申し上げます。廣川先生にいつもご指導いただいているところではありますが，いろいろとお話に出ていたと

おり，幹部が理解しないと特に大きな組織では心の健康づくりが進みません。私もデータを取ってそれに基づいて説明して，幹部の方々にご理解いただくようにしているのですが，今日，まさに分かりやすいモデルをつくらないと私の下の世代がなかなか育ってこないのではと本当に痛感しました。上司にはデータを示して理解してもらいますが，次の世代に向けては「このようにやればもっとうまく進められる」というモデルを是非先生方と一緒に考えていかなければならないと思いました。以上です。

松井　貴重なコメントありがとうございました。では高橋先生，あと一言まとめでお願いします。

高橋　私が喋りすぎたために貴重な質問の時間が短くなってしまったかもしれないですが，改めて先生方のご回答をお伺いしたのと，今のご質問に対する回答から感じたのは，依頼する側である企業側の準備が整っている，つまり企業側にニーズがあるということ，その土壌がどれくらいしっかりしているかについてのアセスメントがまず必要ではないかと思います。アドバイザーであれ，調査の受け入れであれ，向こうが何に対するニーズが高まってきているときなのかをつかむことが大事で，導入で「ここですね」というやりとりを行うとよいのではないかと思います。あとはそこから確実にやっていくことが必要かと思います。そのときに重要になるのが，何回か出てきましたがキーパーソンですね。企業の今のあり方を代弁する代表者であり，私たちの意見を立場は違っても同じところから見てくれる人，そういう人を探していくということです。その人のアセスメントも必要ですし，その関係性をつくっていくコミュニケーション力も重要だと思います。

　一方で，私たち心理職がそこでできることについて，こちら側もどれくらい準備が整っているかという問題もあります。提供者側の準備ですね。それは，先ほどのご質問にあったように，研修をする力や集団力動を見る力も然りですし，調査が必要であれば調査ができる力，それを分

析してお伝えする力，それもタイミングや人を見てアクセスできるといったように，こちら側がスキルフルになっておくということが必要かと思います。重要なのは，互いに日頃からその状態が奇跡的に合う瞬間を逃さないということだと思うのですね。向こうから高まってきているニーズをこちら側がしっかりとつかむことができれば，おそらく評価や認識につながり，それがまた次の循環につながっていくと思います。そのような循環モデルが重要ではないかと改めて感じました。

　今日のご発表の先生方が各々の職場でなさっていること，あるいはフロアの先生方が各々の職場でなさっていることを共有するなかで，先ほど申し上げたように普遍的なところをモデルとして共有させていただき，業界全体で高めあっていくことができればよいのではないかと思います。その点で今回は私としても勉強になりましたし，貴重な機会を与えていただいたと思っております。ありがとうございました。

松井　はい，ありがとうございました。以上をもちまして，当シンポジウムを終わらせていただきます。私ども，産業・組織領域委員会ということで，この4月から組織という言葉を入れさせていただいたとおり，これからも組織への関わり方ということで，産業のみならずいろいろなところで組織に関わっておられる臨床心理士の方々や心理職の方々，どうぞ今日のシンポジウムの内容をヒントにしていただければと思います。これからも，現場での最前線での実践を通していろいろと発信していきたいと思いますので，何卒ご了解のほどよろしくお願い申し上げます。今日はどうもありがとうございました。

以上

あとがき

　20年以上前,病院臨床から産業臨床へと私が臨床の場を移した頃は,産業臨床の書籍も少なく,臨床心理士が関わる産業関連の基幹学会もほとんどありませんでした。しかし,月日が流れ,産業・組織領域で働く心理職が少しずつ増えていくと,産業臨床場面で日々遭遇する問題や迷いに対して,知識と知恵と工夫を共有する仲間が集まり始めました。

　そしてようやく2001年,日本臨床心理士会に産業領域委員会が発足し,同年より日本心理臨床学会で大会企画シンポジウム,自主シンポジウム,ワークショップを次々と実施しました。さらに2005年からは日本臨床心理士会の専門研修会において,複数の分科会や全体会で構成した研修会を重ねて,2015年度までに11回を数えます。その都度,参加者の方々のアンケートや終了後の声かけに,「書籍にしてほしい」旨の言葉をいただいていました。

　その声に応えんがため,2012年に第6期産業領域委員会の牧野純委員長が動き,過去の研修会やシンポジウムなどのリスト化を行い,出版企画を検討しました。ざっと2005年から2011年のリストをみただけでも,登壇した講師の延べ人数は118名に上ります。テーマ別に分けると,①産業心理臨床入門(総論と基礎知識),②心理職の課題・役割や他職種との協働・連携,③産業領域にかかわる施策や法律,④復職支援プログラムとリワーク,⑤EAPついて,⑥教育・研修,⑦キャリア・カウンセリング関連,⑧こころの健康づくり対策と組織開発,⑨自死問題,⑩事例検討,⑪産業領域で役に立つ理論と技法,⑫その他,と広範囲にわたりました。しかし,書籍テーマに関わる章立ての統一性と読者対象の明確化,記録録音の有無や執筆者の選定と依頼など,議論・検討する内容は山積みで,作業の進みは遅々としたものでした。他方,産業臨床の現場の変化は速く,対応すべき問題はとどまることを知りません。

　紆余曲折ありながらも,2014年の日本心理臨床学会の自主シンポジウムが参加者の方々から好評を得たことで,企画者一同は再びエンパ

ワーされて一気に書籍出版へ弾みがつきました。ひとつの山を越える体験が，次の山越えを後押しするように，今後の産業・組織領域の関連出版が続きゆくことを願っております。

　誠信書房の児島雅弘さんと曽我翔太さんには，私の執筆と取りまとめが大幅に遅れてしまい，ご迷惑をおかけしながらも，最後まで励ましていただきました。こころより感謝いたします。

2016年5月

編者　足立智昭

執筆者紹介（50音順）

足立智昭（あだち　ちあき）
編者紹介参照

市川佳居（いちかわ　かおる）
2009年　杏林大学大学院 医学部研究科 博士課程修了
現　　在　ピースマインド・イープ株式会社 国際EAP研究センター 所長
著　　書　『企業のメンタルヘルスを強化するために』労働調査会 2011，『職場のメンタルヘルス100のレシピ』金子書房 2006（以上，共著），『EAP導入の手順と運用』かんき出版 2004 ほか

高橋美保（たかはし　みほ）
2008年　東京大学大学院 教育学研究科 博士課程修了
現　　在　東京大学大学院 教育学研究科臨床心理学コース 准教授
著　　書　『中高年の失業体験と心理的援助』ミネルヴァ書房 2010 ほか
訳　　書　『チームワークの心理学』東京大学出版会 2014 ほか

長見まき子（ながみ　まきこ）
　　　　　関西学院大学大学院 文学研究科 博士課程前期課程修了
現　　在　関西福祉科学大学大学院 社会福祉学研究科 教授，博士（医学）
著　　書　『ここが知りたい職場のメンタルヘルスケア（第2版）』南山堂 2016，『ストレス学ハンドブック』創元社 2015，『産業ストレスとメンタルヘルス』中央労働災害防止協会 2012，（以上，分担執筆）ほか

新田泰生（にった　やすお）
編者紹介参照

馬場洋介（ばば　ひろすけ）
1986年　一橋大学 社会学部 卒業
2014年　神奈川大学大学院 人間科学研究科人間科学専攻 博士課程修了
現　　在　株式会社リクルートキャリアコンサルティング キャリアカウンセラー
論　　文　「再就職支援会社で支援を受けている中高年男性長期失業者の失業体験」『神奈川大学心理相談センター紀要』2013年度第5号，「再就職支援会社で支援を受けている精神疾患を抱えた中高年男性失業者の失業体験」『神奈川大学心理相談センター紀要』2012年度第4号，「再就職支援会社で支援を受けている中高年男性失業者の失業体験

について——2人の中高年男性長期失業者の事例研究から」『神奈川大学心理相談センター紀要』2011年度第3号（以上，筆頭執筆者）ほか

廣川　進（ひろかわ　すすむ）
1983年　慶應義塾大学 文学部 卒業
2003年　大正大学大学院 文学研究科臨床心理学専攻 博士課程修了
現　在　大正大学 心理社会学部 教授
著　書　『職場のメンタルヘルス対策』新日本法規出版 2015,『働く人びとのこころ』遠見書房 2014（以上，分担執筆）,『失業のキャリアカウンセリング』金剛出版 2006 ほか

松井知子（まつい　ともこ）
　　　　青山学院大学 文学部 卒業
現　在　杏林大学 保健学部 准教授，博士（保健学）
著　書　『職場のメンタルヘルス対策』新日本法規出版 2015,『人間関係がよくわかる心理学』，福村出版 2008,『エッセンシャル　社会・環境と健康（第2版）』医歯薬出版 2007（以上，分担執筆）ほか

松浦真澄（まつうら　ますみ）
1998年　東京学芸大学大学院 教育学研究科学校教育専攻心理臨床講座 修士課程修了
現　在　東京理科大学 工学部教養学科 専任講師
著　書　『怒りに効くクスリ』WAVE出版 2003（共著）,『図解雑学　身近な心理学』ナツメ社 2002,『図解雑学　心理学入門』ナツメ社 2000（以上，分担執筆）ほか

森口修三（もりぐち　しゅうぞう）
1978年　慶應義塾大学 商学部 卒業
2004年　桜美林大学大学院 国際学研究科人間科学専攻臨床心理学専修 修士課程修了
現　在　三菱電機株式会社鎌倉製作所 総務部安全衛生課健康増進センター カウンセラー
論　文　「工場内相談室における一青年の成長の一事例」『桜美林大学臨床心理センター年報』第4号 2007 ほか

森崎美奈子（もりさき　みなこ）
1966年　東京女子大学 文理学部心理学科 卒業
同　年　慶應義塾大学 医学部精神神経科教室 入局（2008年退局）
現　在　京都文教大学 産業メンタルヘルス研究所 所長
著　書　『産業医ガイド（第二版）』日本医事新報社 2016,『ストレスハンドブック』創元社 2015,『産業ストレスとメンタルヘルス』中央労働災害防止協会 2012（以上，分担執筆）ほか

編者紹介

新田泰生（にった　やすお）
1978 年　早稲田大学大学院 文学研究科心理学専修 修士課程修了
現　在　神奈川大学大学院 人間科学研究科臨床心理学研究領域 教授
論　文　「研究方法をめぐって」『人間性心理学ハンドブック』創元社 2012,「産業領域における活動モデル」『講座臨床心理学 6　社会臨床心理学』東京大学出版会 2002,「組織のメンタルヘルスへのコミュニティ・アプローチ」『人間性心理学研究』第 15 巻第 1 号 1997 ほか

足立智昭（あだち　ちあき）
1988 年　国際基督教大学大学院教育学研究科 教育原理専攻教育心理学専修 修士課程修了
現　在　島根大学 教育学部 准教授
著　書　『臨床カウンセリング体験領域　Counseling & Group Approach』再々改訂版, 明和印刷 2014（共著）,『新臨床心理学入門』日本評論社 2006,『心理査定実践ハンドブック』創元社 2006,『ブリーフサイコセラピーの発展　Ⅱ』金剛出版 2004,『無意識を活かす現代心理療法の実践と展開』星和書店 2004（以上, 分担執筆）ほか

心理職の組織への関わり方
――産業心理臨床モデルの構築に向けて

2016 年 7 月 25 日　第 1 刷発行

編　者　　新　田　泰　生
　　　　　足　立　智　昭
発行者　　柴　田　敏　樹
印刷者　　藤　森　英　夫

発行所　株式会社　誠 信 書 房
〒112-0012 東京都文京区大塚 3-20-6
電話 03（3946）5666
http://www.seishinshobo.co.jp/

印刷／製本：亜細亜印刷㈱

©Yasuo Nitta & Chiaki Adachi, 2016
検印省略　落丁・乱丁本はお取り替えいたします
ISBN978-4-414-41613-8 C3011　Printed in Japan

JCOPY　<（社）出版者著作権管理機構 委託出版物>

本書の無断複写は著作権法上での例外を除き禁じられています。複写される場合は, そのつど事前に,（社）出版者著作権管理機構（電話 03-3513-6969, FAX03-3513-6979, e-mail: info@jcopy.or.jp）の許諾を得てください。